BOULANGER
1961

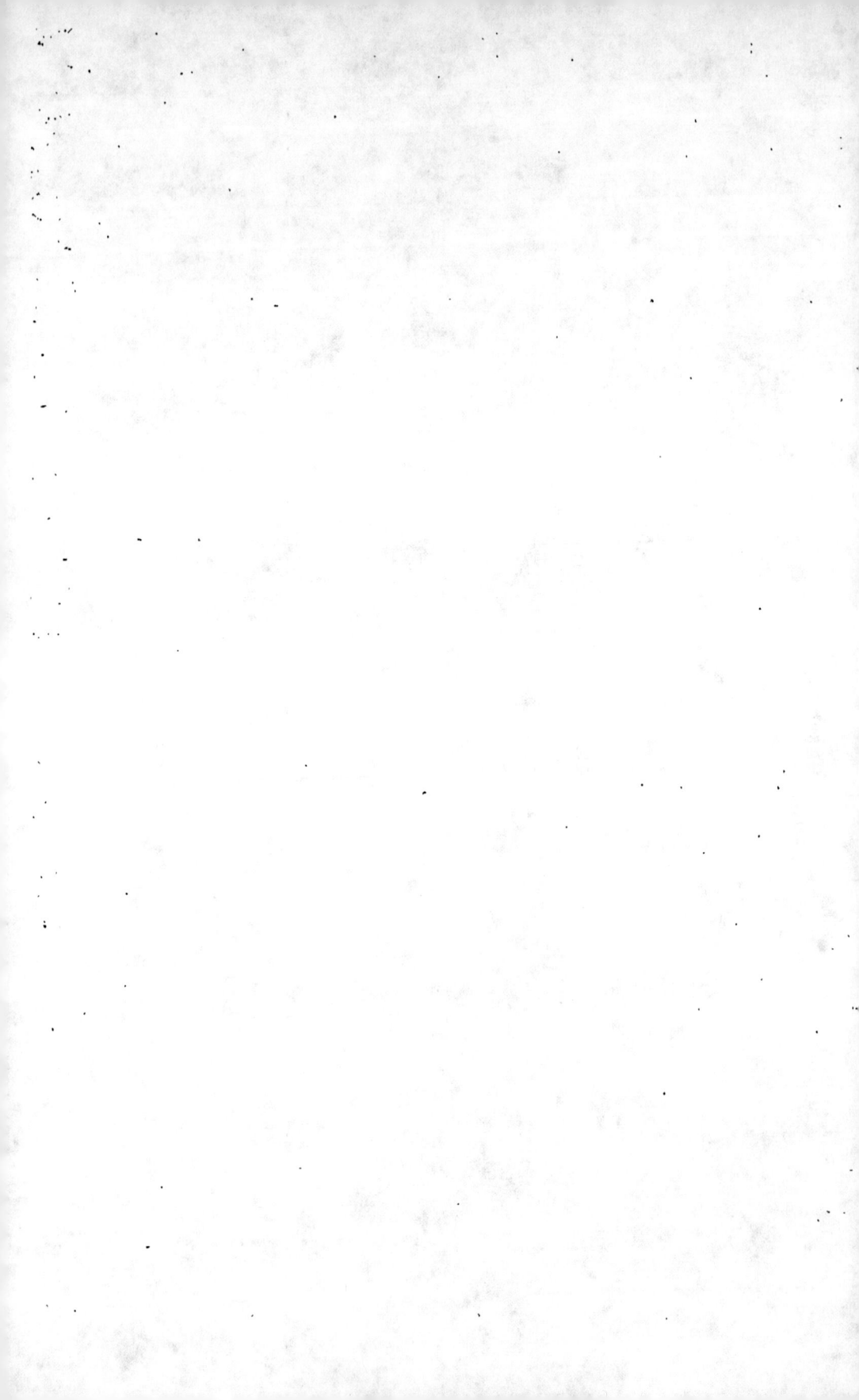

LES DÉTRACTEURS

DE

LA RACE NOIRE

ET DE

LA RÉPUBLIQUE D'HAÏTI

RÉPONSES A M. LÉO QUESNEL

(de la Revue politique et littéraire)

PAR

JULES AUGUSTE   ARTHUR BOWLER
CLÉMENT DENIS   JUSTIN DEVOST

ET

LOUIS JOSEPH JANVIER

PRÉCÉDÉ

de Lettres de M. SCHŒLCHER, Sénateur,
et de M. LE D* BÉTANCES

> « L'homme ne s'improvise pas.
> La nation comme l'individu est
> l'aboutissant d'un long passé d'ef-
> forts, de sacrifices et de dévouement. »
>   Ernest RENAN
> « Qu'est-ce qu'une nation? »

DEUXIÈME ÉDITION

PARIS

MARPON ET FLAMMARION
Libraires-Éditeurs
1 A 9, GALERIE DE L'ODÉON, ET RUE RACINE, 26

1882

LES DÉTRACTEURS

DE

LA RACE NOIRE

ET DE

LA RÉPUBLIQUE D'HAÏTI

JUSTIFICATION DU TIRAGE DE LUXE

~~~~~~

Il a été tiré — spécialement pour les souscripteurs à ce livre — **40** exemplaires sur papier de Hollande. N^{os} **1** à **40**.

LES DÉTRACTEURS

DE

LA RACE NOIRE

ET DE

LA RÉPUBLIQUE D'HAÏTI

RÉPONSES A M. LÉO QUESNEL

(de la Revue politique et littéraire)

PAR

JULES AUGUSTE	ARTHUR BOWLER
CLÉMENT DENIS	JUSTIN DÉVOST

ET

LOUIS-JOSEPH JANVIER

PRÉCÉDÉES

de Lettres de M. SCHŒLCHER, Sénateur,
et de M. LE Dr BÉTANCÈS.

« L'homme ne s'improvise pas.
La nation, comme l'individu, est
l'aboutissant d'un long passé d'ef-
forts, de sacrifices et de dévouement.
Ernest RENAN.
« Qu'est-ce qu'une nation ?

DEUXIÈME ÉDITION

PARIS

MARPON ET FLAMMARION

Libraires-Éditeurs

1 A 9, GALERIE DE L'ODÉON, ET RUE RACINE, 26

1882

PATRIÆ

~~~~~~~

Plus on te calomnie
Plus nous t'aimons.

PRÉFACE DE LA SECONDE ÉDITION.

~~~~~~~

Les plus courtes préfaces sont les meilleures, dit-on.

Soyons concis.

La première édition a été épuisée en un mois. Nous en donnons une seconde.

Bis repetita placent.

Le Comité.

Paris, Août 1882.

TABLE DES MATIÈRES

~~~~~~~~~

Avertissement........................ I

Préface de la seconde édition III

Lettre de M. SCHŒLCHER, sénateur..... 1

Lettre de M. le Dr BÉTANCÈS......... 5

Article de M. C. DENIS............... 11

Lettre de M. le Dr JANVIER.......... 15

Etude de M. le Dr Janvier. 31

Article de M. DÉVOST.............. 79

Réplique de M. DÉVOST............. 93

Article de M. J. AUGUSTE........... 101

Etude de M. J. AUGUSTE............ 107

Article de M. A. BOWLER.......... ... 137

Opinion de la Presse 149

AVERTISSEMENT AU LECTEUR

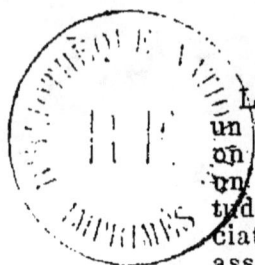

> La patrie, ce n'est pas seulement un terrain plus ou moins grand dont on voit l'image sur une carte, c'est un ensemble d'institutions, d'habitudes, de mœurs ; c'est une association d'hommes qui, à côté d'autres associations, revendique sa part de dignité, d'influence politique, de puissance légitime.
>
> C'est là ce qu'il faut apprendre de bonne heure à tous, à aimer, à soutenir, à défendre.
>
> C'est l'éducation qui doit être la nourrice du patriotisme.
>
> Charles BIGOT
>
> *« L'idée de la Patrie. »*

> Qui n'aime sa patrie n'aime rien et personne ne le doit aimer.
>
> Louis-J. JANVIER.

Nous avons cru devoir réunir, pour les publier en volume, les articles que l'on va lire.

On doit les considérer comme absolument distincts les uns des autres.

La plupart d'entre eux ont déjà paru, soit en totalité, soit en partie, dans les différents journaux quotidiens ou périodiques de Paris.

Ils sont tous responsifs à deux articles de M. Léo Quesnel, publiés dans les numéros de la *Revue politique et littéraire* des 21 Janvier et 4 Février 1882.

Les redites que l'on pourra rencontrer dans ce livre étaient nécessaires. Elles ne prouvent que mieux l'unanimité de l'explosion d'indignation et de colère qui a remué l'âme des jeunes Haïtiens, actuellement à Paris, à la lecture des appréciations malveillantes et des calomnieuses assertions de M. Léo Quesnel.

Nous remercions avec toute l'effusion du cœur M. le sénateur V. Schœlcher et M. le Dr R. Bétancès d'avoir bien voulu prêter à notre œuvre le concours de leur nom illustre et glorieux.

Nous remercions aussi les directeurs de journaux qui ont si généreusement mis à notre disposition les organes de publicité dont ils disposaient.

Nous saisissons cette occasion, opportune ou jamais, pour déclarer ici que nous ne permettrons plus à l'avenir que la République d'Haïti, notre bien-aimée patrie, soit impunément insultée par personne au monde.

Le comité de publication,

Jules AUGUSTE, Dantès SABOURIN, Arthur BOWLER, Clément DENIS, Dr Louis-Joseph JANVIER.

LETTRE DE M. SCHŒLCHER, SÉNATEUR

Paris, nº 1, rue Hippolyte Lebas,
28 Février 1882.

MES CHERS JEUNES AMIS,

Vous me demandez une lettre qui servirait d'introduction à la réponse que vous allez publier à une attaque contre Haïti. Le temps me manquant absolument pour prendre connaissance de votre ouvrage, je ne puis y donner mon adhésion, mais je veux vous féliciter de votre entreprise. Défendre son pays par la plume comme par l'épée est toujours un devoir en même temps qu'un honneur. Vous avez d'ailleurs mille bonnes raisons de défendre le vôtre.

Haïti est un pays d'avenir où une race trop longtemps opprimée a joué un rôle glorieux en conquérant l'indépendance. Ce que j'en ai vu durant un séjour de plusieurs mois, me donne la conviction que l'écrivain dont vous me communiquez l'article et que vous voulez refuter a jugé sur de fausses données une nation encore jeune, intéressante, luttant avec courage contre les préjugés qui dominaient à sa naissance et qui ont ralenti son émancipation morale. Elle est digne de la sympathie des partisans du progrès et des amis de l'humanité.

Mon cœur sera toujours avec vous pour soutenir la cause de la race noire qui a produit le grand Toussaint-Louverture et tant d'hommes remarquables par leur intelligence, leurs vertus, leur dignité et leur désir d'élévation.

L'expérience des malheurs du passé vous le dit à tous : il n'y a de bonheur pour la République noire que dans l'union, dans la paix et dans l'oubli des distinctions de classes qui n'ont pas la moindre raison d'être. Trève à ces révolutions périodiques, à ces discussions intestines qui ont décimé la *Reine des Antilles*. Vous, jeunes gens, reprenez l'œuvre de vos intrépides ancêtres, reportez chez vous la lumière que la sagesse de vos pères vous envoie puiser en Europe, prêchez la fraternité, ne songez qu'aux grands intérêts de la civilisation; ne faites la guerre qu'aux criminels qui veulent exploiter l'ignorance du peuple et à quiconque cherche à entretenir la passion de

caste et attachez-vous particulièrement à répandre jusqu'au fond de vos luxuriantes campagnes et de vos mornes l'instruction primaire,
laïque et obligatoire. Des écoles, des écoles,
tel doit être aujourd'hui le mot d'ordre de
tout bon Haïtien. Que les écoles, la concorde
et le travail fassent grandir Haïti dans l'avenir
prospère qui l'attend et qu'elle mérite, c'est le
vœu ardent de

Votre ami dévoué,

V. SCHŒLCHER.

LETTRE DE M. LE Dr BÉTANCÈS

~~~~~~~~~

Paris, 18 Février 1882.

Monsieur Jules Auguste,

Cher ami, vous me demandez ce que je pense d'un article sur Haïti publié dernièrement dans la *Revue politique et littéraire*.

Je ne le trouve ni bien méchant, ni bien malin; mais il donne la preuve d'une ignorance « potentielle ». Il a cela d'original que l'auteur a la prétention sincère de faire de l'histoire avec les caricatures de Cham et les carnavalesques boutades du *Charivari* (voir l'époque de l'Empire) qui émurent si vivement son empereur Napoléon III. A ces données, il ajoute quelques appréciations tirées des journaux esclavagistes de Puerto-Rico et de Cuba, où il dit avoir habité et où la catholique Espagne, engourdie dans la crainte de Dieu et de l'abolition, sent peser sur ses colonies l'influence des libertés naissantes des républiques voisines.

« Il n'est pas surprenant que M. L. Quesnel ne prenne pas les nègres au sérieux. » Peut-être s'est-il habitué à voir impassible, sur les plantations, ce surmenage qui, au temps de la traite, retirait des forces d'un homme, en cinq ans, tout le profit qu'il eùt dû donner en vingt-cinq ou trente années de travail ; peut-être s'est-il fait à voir, sans frémir, comment on crève un nègre sans violer la loi qui le protège.

Cela dit, on s'explique que M. Quesnel peuple Haïti de *Congos*, de *Caplaous*, d'*Aradas* et d'*Ibos*. S'il y a « des exemples *rares* de talent et même de vertu », c'est que « plus bas est le niveau d'une société, plus haut s'élèvent les individualités exceptionnelles »; principe qui nous conduirait infailliblement — s'il était autre chose qu'une phrase de rhétorique — à désespérer des sociétés européennes où les individualités exceptionnelles sont, dans tous les temps, si marquées.

Il serait bien trop long de réfuter tout cet article où, dans chaque phrase, semble s'être réfugiée une erreur. M. Quesnel s'étonne que « pendant trois générations, Haïti n'ait pas relevé les ruines que l'émancipation a faites. »

Tout autre est le jugement de l'illustre orateur américain Wendell Phillips et je me souviens de ces paroles :

« Brûlez New-York cette nuit, comblez ses canaux, coulez ses navires, détruisez ses rails, effacez tout ce qui brille de l'éducation de ses enfants, plongez-les dans la misère et l'ignorance, ne leur laissez rien, rien que leurs bras pour recommencer ce monde... Que pourront-ils faire en soixante ans? Et encore êtes-vous sûrs que l'Europe vous prêtera son argent ?

« Pourtant Haïti, sortant des ruines de la dépendance coloniale, est devenu un État civilisé; il est le septième sur le catalogue du commerce avec notre pays, et il n'est inférieur, par l'éducation et la moralité de ses habitants, à aucune des îles de l'Océan indien d'Occident. Le commerce étranger prête aussi volontiers confiance à ses tribunaux qu'aux nôtres. Jusqu'ici ce peuple a déjoué aussi bien l'ambition de l'Espagne et la cupidité de l'Angleterre que la politique malicieuse de Calhoum. »

Combien de générations se sont entassées d'ailleurs les unes sur les autres de 465 (Clovis) à 1789 (Révolution)? J'estime qu'Haïti est en deçà.

L'auteur dit avec certaine ironie que « ce temps *maudit* (de l'esclavage) n'a pas été si fécond en crimes et en douleurs que la nouvelle période de liberté. »

L'histoire dit ceci :

« On y importait environ vingt-cinq mille noirs par an et cette importation suffisait à peine à remplir les vides que laissait dans leurs rangs la culture mortelle de la canne, pour la production d'une année. »

Multipliez seulement par cent ce chiffre de chaque année et demandez à M. Quesnel si, depuis l'indépendance qui prit Haïti avec cinq cent mille habitants, il y a eu deux millions et demi de victimes dans le pays qui compte aujourd'hui au moins huit cent mille âmes. Et je ne parle pas de l'*absorption* des Indiens, premiers habitants de l'île.

Ainsi du reste. Je ne résiste pourtant pas au plaisir de citer, à propos de « la lâcheté de la race noire », les paroles de Wendell Phillips :

« Quelques-uns doutent encore du courage du noir. Allez à Haïti; arrêtez-vous sur la tombe des cinquante mille soldats, les meilleurs que la France ait jamais eus et demandez-leur ce qu'ils pensent des armes du noir. Et si cela ne vous satisfait pas, allez en France, au splendide mausolée des comtes de Rochambeau et à la tombe de huit mille vétérans qui regagnèrent leurs foyers à l'ombre du pavillon anglais, et interrogez-les. Et si cela ne vous satisfait point, rentrez chez nous, et si nous étions en Octobre 1859, vous pourriez parcourir la Virginie tremblante et lui demander ce qu'elle pense du courage du noir. »

Et plus loin :

« Il n'y a jamais eu qu'une seule révolte d'esclaves couronnée de succès, et elle a eu lieu à Saint-Domingue. Toutes les races ont gémi, à différentes époques, dans les chaînes ; mais il n'y en a jamais eu qu'une seule qui, affaiblie, sans secours, dégradée par l'esclavage le plus lourd, ait brisé ses fers, les ait transformés en épées, et ait conquis sa liberté sur les champs de bataille, une seule : la race noire de Saint-Domingue. »

En effet :

« Avec cette masse informe et dédaignée, Toussaint forgea pourtant la foudre et il la déchargea, sur qui ? sur la race la plus orgueilleuse de l'Europe, les Espagnols ; et il les fit rentrer chez eux humbles et soumis ; sur la race la plus guerrière de l'Europe, les Français, et il les terrassa à ses pieds ; sur la race la plus audacieuse de l'Europe, les Anglais, et il les jeta à la mer, sur la Jamaïque. »

Certes, il n'y a pas de peuple qui possède des sympathies plus profondes, — je ne dis pas seulement en Haïti, mais dans toute l'Amérique du Sud, — que les Français. Elles valent, je crois, la peine d'être cultivées parmi ces quarante-cinq millions d'hommes.

Aussi voit-on avec surprise des écrivains, dont les articles sont acceptés dans des publications estimées, se traîner dans des critiques aussi légères qu'injustes et injurieuses, et l'on s'indignerait de leurs insultes si on n'était plutôt disposé à rire de leur ignorance.

Le débat soutenu par Dévost et Janvier n'aura pas été « stérile », si les journalistes soucieux de leur réputation commencent par étudier les sujets sur lesquels ils veulent instruire le public, et ne prennent pas pour de l'histoire les « charges » d'un caricaturiste, les cauchemars d'un ennemi ou les triviales fantaisies de reporters affamés d'annonces.

Mais ma lettre devient longue. Je m'arrête et

Toujours cordialement,

(*El Antillano.*)

Dr R. BÉTANCÈS.

ARTICLE DE M. C. DENIS (1)

~~~~~

HAÏTI

Depuis longtemps on insulte la race noire
et le seul pays de la terre où elle se soit constituée en Etat indépendant... Il est temps que
nous autres, nègres d'Haïti, nous nous justi-
fiions et rectifiions cette erreur que nous
vivons dans une demi-barbarie.

Je n'entreprendrai pas de relever scientifi-
quement l'assertion que la race noire est incapable de perfectionnement. La solution de
ce grand problème de la perfectibilité de la
race noire sera donnée par nous autres, nègres
libres ; mais ce ne peut être que l'œuvre de
plusieurs générations héritant successivement
du développement acquis.

(1) Cet article a paru dans le numéro du *Rappel*
du 29 Janvier 1882. Nous remercions ici la Direc-
tion du journal.   C. D.

Les chroniqueurs, qui parlent de nous dans un style ironique, me font l'effet d'individus se moquant des premiers pas et des premiers bégaiements d'un enfant. Certes, nous tâtonnons encore, mais nos membres se fortifient de plus en plus; et, patience, nous marcherons droit.

Pour juger le peuple haïtien, il faut, ce qu'on semble ne pas vouloir faire, se bien rappeler les conditions exceptionnelles dans lesquelles il a pris naissance. Quatre-vingts ans seulement nous séparent de l'époque où ceux qui on constitué ce peuple formaient un troupeau d'esclaves, abrutis par des siècles de servitude et courbés du matin au soir sous le fouet des colons. Les géants de 89, qui ont affranchi le monde, leur donnèrent la liberté, et dès lors ces affranchis ne demandèrent qu'à vivre soumis à la mère-patrie.

Napoléon, qu'il nous est bien permis, je crois, de haïr, de concert avec les démocrates français, voulut les faire retourner à leur premier état d'esclavage.

Devant un tel mépris des droits les plus sacrés de l'homme, ils se révoltèrent, et, comme dit le poète, brisèrent leurs chaînes sur la tête de leurs opresseurs. Ils furent cruels dans leur vengeance, c'est vrai, mais ils le furent parce qu'ils tenaient de leurs anciens maîtres le secret des cruautés les plus horribles. Ils rendirent meurtre pour meurtre, outrage pour outrage. Ce fut le souvenir des atrocités commises par les colons, la pensée de leurs frères, de leurs femmes, de leurs enfants pendus, crucifiés ou vendus, qui arma leurs bras.

De ce que nous avons tué ceux qui nous tuaient et rasé les édifices qui nous rappelaient notre ancien esclavage, il ne s'ensuit pas que nous soyons barbares et vandales. De pareils faits se rencontrent dans l'histoire de tous les peuples aux époques des grandes rénovations sociales.

A peine remis de la lutte, ceux des Haïtiens qui avaient eu le bonheur de jouir des bienfaits de l'instruction se mirent à policer et à instruire leurs frères ignorants. Ils posèrent ainsi les premières bases sur lesquelles s'élève déjà, quoi qu'on en dise, la civilisation des noirs indépendants.

En ce moment les jeunes Haïtiens viennent en foule étudier en France.

On en voit partout : sur les bancs des lycées, des facultés de droit et de médecine, au Conservatoire et dans toutes les écoles supérieures. Ils viennent travailler dans ce centre de lumières, bravant le climat européen, si meurtrier pour eux, puis s'en retournent avec des connaissances sérieuses, et non certes avec la haine des blancs, comme disent nos ennemis.

Non, les Haïtiens ne sont ni cruels ni inso-

lents. Notre hospitalité pour les étrangers est
presque proverbiale. Dans nos mornes les
plus reculés, les campagnards la pratiquent,
témoin, Rosier By. Ne niez pas que les Haïtiens soient progressistes. Dites que leur empereur a joué la comédie du pouvoir, personne ne vous contredira. Il a fait en cela ce
que nous avons vu et voyons faire encore
chez les peuples les plus civilisés. Il a sans
doute singé Napoléon Ier, mais demandez à
Victor Hugo si quelqu'un n'a pas singé Soulouque? Il n'a pas sacrifié au Vaudoux ; loin
de là : consultez Théophile Guérin. Ces superstitions africaines ont d'ailleurs disparu,
elles sont remplacées par celles du catholi-
cisme.

Un dernier mot : Haïti que nous a léguée
nos pères nous restera et jamais nous ne nous
déciderons à porter un autre nom que celui
d'Haïtiens.

CLÉMENT DÉNIS.

24, rue Monge, Paris.

LETTRE DE M. LE Dr JANVIER

Paris, n° 4, rue de l'École-de-Médecine,
ce 22 Janvier 1882.

A MONSIEUR EUGÈNE YUNG, directeur de la
Revue politique et littéraire.

HONORABLE MONSIEUR (1),

Je ne vous apprends rien, sans doute, en
vous disant que le dernier numéro paru de la
Revue politique et littéraire — celui d'hier —
contient un article sur Haïti écrit par M. Léo
Quesnel, d'après un livre récent.

(1) Cette lettre a été publiée, en partie, dans
l'*Union républicaine* (numéro du 6 février), sous
ce titre : « *Haïti et ses détracteurs* ». Elle a aussi
paru, en partie, dans le *Sauveteur* (numéro de
Janvier), sous ce titre : « *les Contempteurs de la
race noire* ».

Je remercie ici, du meilleur de moi, M. le Direc-

Cet article, j'en suis aux regrets de le constater, est aussi agressif en la forme qu'il est injuste au fond.

Depuis nombre d'années, il n'avait rien paru dans les journaux, et surtout dans un journal français rédigé par des savants et des hommes sérieux, d'aussi attentatoire à la vérité et d'aussi blessant pour l'honneur et la dignité d'une jeune nation, fille et amie de la nation française.

J'ai le bonheur d'être Haïtien, Monsieur, et j'aime ma patrie d'une amour profonde et passionnée, pareille à celle que vous devez ressentir pour la France ; et je viens à vous, avec confiance, connaissant votre haute impartialité, et vous sachant un philosophe, un homme de science, pour vous demander de bien vouloir donner insertion dans les colonnes de la Revue que vous dirigez avec tant de talent, aux lignes suivantes que j'ai écrites en réfutation de l'article de M. Léo Quesnel.

Ce faisant, Monsieur, vous aurez à la fois accompli une bonne action et fait une bonne œuvre : accompli une bonne action, en per-

teur de l'*Union républicaine*. J'adresse les plus vifs remerciements au Directeur du *Sauveteur*, M. Alphonse Huard, dont la grandeur d'âme et la haute philantrophie m'ont toujours inspiré la plus sincère admiration et la vénération la plus profonde et la plus légitime.

mettant que soit réparé le mal que pourrait causer l'étude de M. Quesnel; fait une bonne œuvre, en aidant les Haïtiens à se laver des calomnies auxquelles ils ont été trop long-temps en butte et dont ils ont trop longtemps souffert sans protester et sans se plaindre jamais.

***

M. Quesnel commence son article en déclarant que : « si la théorie de l'inégalité des races avait besoin d'être confirmée, elle le serait par l'inanité des efforts que font, depuis un siècle, les noirs d'Haïti pour constituer une société. » Et il ajoute — avec les scolastiques, dit-il, — « ce qui a lieu dans le temps a lieu dans l'éternité; en d'autres termes la loi de la nature est immuable. » La scolastique, tissu de préjugés et de vieilles erreurs, produit d'inductions fantaisistes et disparates, philosophie d'une époque où la science était encore muette, la scolastique a fait son temps. Pour ma part, je vois d'une manière absolument opposée à celle de M. Quesnel, et, pour répondre à la maxime doctrinale des scolastiques dont la conséquence forcée serait le fatalisme, j'allègue les faits développés, avec autant de netteté que d'abondance d'arguments décisifs et de preuves convaincantes, par Darwin, Herbert Spencer et toute l'école évolutionniste.

La loi de sélection et la doctrine du transformisme, tant consolantes, tant réconfor-
tantes pour l'humanité, et si vraies, sont pour
recevoir pleine confirmation en Haïti. Pour
preuve première, je citerai l'amélioration du
type noir dans cette île, amélioration qui est
telle que l'éminent Broca, le plus savant des
anthropologistes français, disait encore, il y a
à peine deux ans, à l'hôpital Necker, devant
tous ses élèves, qu'il reconnaissait un Haïtien,
à première vue, autant à son regard qui est
franc, fier et plein d'éclairs, qu'à son front
large et bombé et à son maintien assuré,
signes certains, continuait-il, d'une grande
capacité de la boîte crânienne et d'un esprit à
la fois ferme et intelligent.

Depuis que l'esclavage a été aboli dans les
colonies françaises et aux Etats-Unis, les
noirs de ces pays ont tout fait pour démontrer cette vérité, à savoir que la scolastique
pouvait quelquefois se tromper.

Aux Etats-Unis, par exemple, on voit les
noirs économes, actifs, rangés, pensant à
l'avenir; ils sont membres du Congrès, on
voit leurs enfants entrer à l'école de West-
Point et dans les universités, où ils étudient
aussi bien que leurs frères blancs les sciences
mathématiques, qu'on avait supposé devoir
leur rester inaccessibles.

L'année dernière, à la Société de géographie de Paris, M. L. Simonin, dont nul ne

contestera la parole autorisée, a déclaré revenir des opinions erronées qu'il avait autrefois émises sur la race noire en général et sur les noirs des Etats-Unis en particulier.

Au moment où j'écris, il y a deux noirs, originaires des colonies françaises, qui sont élèves à l'École Polytechnique de Paris.

Les Haïtiens aussi peuplent les hautes écoles de Paris. On les rencontre sur les bancs du Collège de France. A l'École de Médecine, à l'École de droit, à l'École Centrale, à la Sorbonne, ils passent de brillants examens et émerveillent leurs professeurs par leurs aptitudes multiples et par leur ardeur au travail.

Nos adversaires objecteront que ce sont là des faits isolés, mais je répondrai qu'en Haïti le fait se généralise : les enfants des autres villes de la République se rendent en foule à Port-au-Prince, la capitale, pour y achever leurs études. Un peuple qui s'impose de dures privations pour faire élever ses enfants à l'étranger ou qui consent à se séparer d'eux pendant plusieurs années consécutives prouve, par là, qu'il n'est point paresseux et qu'il ne se complaît pas dans l'ignorance.

Les Haïtiens d'ailleurs ne sont indépendants que depuis 1804. Il est excellent de remarquer que, pour parvenir à cette indépendance, ils avaient fait le sacrifice magnanime de toutes les richesses de l'île ; que, durant la guerre, toutes les villes du littoral avaient été prises, reprises, brûlées, bombardées ou saccagées par les deux armées qui se trouvaient en présence; que, libres en 1804, les Haïtiens ne pouvaient songer à organiser sérieusement et définitivement le travail, ayant toujours suspendue sur leurs têtes, comme une épée de Damoclès, la menace d'une nouvelle invasion française.

En 1825, le gouvernement français reconnut l'indépendance d'Haïti, mais les Haïtiens furent en même temps écrasés sous le poids d'une indemnité territoriale de 150 millions qu'ils consentaient à payer en cinq termes au gouvernement du roi Charles X. Pour verser le premier terme, il fallut contracter un emprunt de 30 millions à Paris.

Le budget d'Haïti, qui s'élevait à 15 ou 20 millions en moyenne de 1820 à 1840, fut presque tout entier employé à l'amortissement de la double dette. Le service de cette double dette épuisa l'épargne haïtienne, qui naissait à peine.

En 1838, le cabinet Molé, s'étant convaincu de l'impossibilité dans laquelle se trouvaient les Haïtiens de payer une dette dont ils auraient pu — de l'avis de M. Schœlcher et de l'abbé de Pradt — ne jamais reconnaître le principal, « attendu que d'esclaves, en vertu du droit de la force, ils s'étaient faits libres par force après avoir acheté cette liberté au prix de deux siècles de sueurs, de larmes et de sang » — en 1838, dis-je, la monarchie de Juillet accepta de réduire à 60 millions le chiffre de l'indemnité de 1825.

Malgré cela, des révoltes éclatèrent en Haïti; et, en 1843, le président Boyer, qui était au pouvoir depuis vingt-cinq ans, en fut renversé.

L'ancienne partie espagnole s'était séparée de la française, laissant à celle-ci le fardeau de la double dette dont le service, repris en 1848, par le gouvernement du président Soulouque, se continue encore.

Les Haïtiens avaient vécu pauvres, se saignant à blanc, pour tenir leurs engagements. Les révoltes qui ont eu lieu en Haïti depuis 1843, et dont d'ailleurs l'importance est toujours singulièrement exagérée en Europe, ont presque toutes été occasionnées par les souffrances d'un peuple surchargé d'impôts et ne pouvant parfaire pourtant son outillage économique.

Au milieu de cet état de choses, qui bientôt va prendre fin, les Haïtiens, même ceux des couches sociales inférieures, n'avaient jamais laissé de réclamer l'instruction à grands cris pour leurs enfants et de tâcher, par tous les moyens possibles, de la leur faire acquérir.

Aujourd'hui, les progrès réalisés par le peuple haïtien sont considérables — étant données les mauvaises conditions dans lesquelles il s'était trouvé pour se librement développer; — les écoles rurales couvrent l'île, et des jeunes filles même traversent le large Atlantique pour venir compléter leur éducation en France.

Depuis quelque temps Haïti fait partie de l'Union postale, de l'Union monétaire latine, de l'Union du mètre français. La République possède aussi une Banque nationale en plein fonctionnement.

Haïti est actuellement gouvernée par des hommes d'État probes, éminents, et qui ont déjà fait leurs preuves comme patriotes et comme administrateurs. Ils ont lancé leur pays, pour toujours, espérons-le, dans la voie de la civilisation ininterrompue, de la paix et du travail.

Vous voyez donc que le voyageur français dont parle M. Quesnel a raison de prendre au sérieux les noirs d'Haïti.

De même qu'il n'y a plus en France ni Saintongeois, ni Berrichons, ni Gascons, ni Juifs, mais qu'il y a des Français, cela depuis le 14 juillet 1790, depuis que la France s'est cherchée et s'est retrouvée au Champ-de-Mars, dans la grande journée de la Fédération française, de même en Haïti, depuis que les Haïtiens se sont liés par un solennel serment, sur la place des Gonaïves, le 1er Janvier 1804, depuis cette splendide et mémorable Journée de la Fédération haïtienne, il n'y a plus, en

Haïti, ni Ibos, ni Congos, ni Aradas : il y a des Haïtiens.

M. Quesnel rapporte que les journaux haïtiens sont rédigés avec une vraie supériorité et en excellent français. Il sait qu'il y a des poètes haïtiens de 23 ans, faisant éditer leurs poésies à Paris, et il conclut à l'immuabilité des choses, et il se refuse à croire que la race noire puisse évoluer vers le mieux en civilisation. Il eût été bien plus simple et bien plus logique, à mon avis, de penser le contraire.

Les Haïtiens n'ont pas seulement des journalistes supérieurs ; ils ont aussi des historiens de grand mérite et des poètes qui ont écrit dans un style souple, splendide et charmant, des œuvres d'une réelle et puissante originalité.

Je renvoie M. Quesnel au livre intitulé *la Littérature noire*. Il y verra avec quelle admiration respectueuse et avec quels éloges sont cités les noms des artistes et des écrivains haïtiens.

J'ajoute que les hommes d'État de mon pays ont souvent fait preuve d'un incontestable talent d'organisation et d'administration, et que des diplomates haïtiens ont fait briller, dans bien des grandes cours européennes, leurs facultés pleines de charmes et de séductions, en même temps que, dans bien d'épineuses affaires, ils montraient un tact rare,

2

une tenue parfaite et une connaissance appro-
fondie de l'art diplomatique.

Pour ce qui est des chefs haïtiens: Toussaint-
Louverture, Dessalines, Christophe et Faustin Ier que l'on s'est plu à couvrir d'un ridicule immérité ou à charger d'atroces forfaits,
je réponds que les neuf dixièmes des actes de
cruauté ou de sottise dont on les accuse et des
mots absurdes qu'on leur prête sont des fa-
bles inventées par des écrivains malveillants,
remplis de préjugés ou peu soucieux d'être véridiques et n'ayant pas un esprit assez philosophique et assez étendu pour pouvoir étudier à fond une société qui naît et se trans-
forme.

Les esprits impartiaux, ceux qui ont voyag
en observateurs sagaces et instruits, entre
autres MM. Schœlcher et Paul d'Hormoys
rendent pleine justice aux chefs haïtiens et les
présentent, dans leurs livres, sous un jour très
favorable.

Henry Ier, quoique despote, fut un grand
organisateur; l'empereur Faustin Ier, qu'on a
tant caricaturé, fut loin d'être aussi inintelli-
gent et aussi ignorant qu'on l'a voulu faire
croire. L'un et l'autre n'étaient pas plus cruels,
en somme, que tel souverain d'Europe. Christophe ressemble beaucoup à Pierre-le-Grand;
et tout le monde sait que, dans « *les Châti-
ments* », Victor Hugo reproche à Napoléon III
d'imiter Faustin Ier. A qui parle de Toussaint-

Louverture ou de Dessalines, on peut répliquer en lui opposant les exemples suivants : Louis XI et Tristan L'Hermite ; Charles IX et la Saint-Barthélemy ; Henri III et l'assassinat du duc de Guise ; Louis XIV et la révocation de l'Édit de Nantes, les dragonnades des Cévennes, et les protestants, qui pourtant étaient de loyaux et féaux sujets du Roi, envoyés sur les galères; la Terreur rouge, la Terreur blanche, etc... J'en passe... et de pires.

Un républicain français qui veut être conséquent avec lui-même ne saurait reprocher aux noirs d'Haïti d'avoir énergiquement revendiqué les principes de la Révolution française.

Observez que la Constituante avait discuté et voté non pas la Déclaration des Droits du citoyen français, mais bien *la Déclaration des Droits de l'Homme.*

On peut aussi répondre que les noirs et les mulâtres demandaient seulement la liberté et qu'ils voulurent toujours demeurer Français encore que l'Angleterre leur eût maintes fois offert de les aider à maintenir leur indépendance s'ils la proclamaient ; que ce furent les généraux indigènes qui aidèrent le général Leclerc à reconquérir Haïti, en 1802 ; que Maurepas, l'un d'eux, — celui dont parle M. Quesnel, — fut, pour sa récompense, attaché à une vergue par des marins de la métropole, insulté — on lui cracha au visage — puis jeté à la mer ; que ce furent Rochambeau et

Noailles qui faisaient dévorer leurs prison-
niers noirs par des chiens qu'ils avaient fait
venir exprès de Cuba (voir Schœlcher) et que,
lorsque les noirs reprirent les armes, en 1802,
ils ne le firent que parce que le Premier Con-
sul voulait rétablir l'esclavage aboli déjà depuis sept ans par la Convention.

Quand l'insurrection eut éclaté, dans les
villes de la colonie, et par ordre des chefs européens, on fusillait et on pendait toutes les
nuits, sans pitié, sans merci. Un général français, digne de foi, estime que, dans la seule
rade du Cap, quinze cents personnes furent noyées par décision des autorités colo-
niales.

Pamphile de Lacroix et M. Schœlcher
avouent que les violences des noirs sont excu-
sées par les crimes des colons antérieurs à ces
violences.

Et pourtant les Haïtiens ne gardent aucune
rancune aux Français.

C'est tout à fait à tort que M. Quesnel a
écrit cette phrase : « Les Haïtiens sont les
seuls nègres du monde qui n'aient pas gardé
un souvenir affectueux de la domination française. » Celui qui écrit ces lignes, ancien
élève de MM. Jules Neff, Jean Droit, Guyot
et Fargues, Français tous quatre, a conservé
d'eux un souvenir tout affectueux et tout reconnaissant. L'Haïtien aime beaucoup le Français. Et vraiment il faut ne rien savoir de ce

qui se passe en Haïti pour prétendre le contraire.

Actuellement, toutes les paroisses d'Haïti sont desservies par des prêtres bretons ; plusieurs maisons d'éducation, entre autres le Séminaire-Collège de Port-au-Prince et le couvent des sœurs de Saint-Joseph de Cluny, sont tenues par des Français. Les Francais sont professeurs partout : on les rencontre même en qualité d'instituteurs primaires dans les montagnes de l'intérieur.

La langue française est la langue courante, la seule en usage, et tous les paysans la comprennent.

Les mœurs, les coutumes, les fêtes, le droit, les institutions, le costume, tout est français: on se modèle en tout sur la France.

Et, généralement, quand on hait les gens, on ne cherche pas à les imiter.

Je veux appuyer mes dires de faits qui sont d'une éloquence significative. D'abord plusieurs Haïtiens ont pris part à la guerre de 1870-1871, en servant en qualité de volontaires dans les rangs de l'armée française. Un Haïtien que je connais fut blessé à Buzenval.

Durant la guerre aussi, il y eut, en Haïti, plusieurs manifestations sympathiques en faveur de la France. On le sut en Allemagne. Les hostilités finies, en 1873, M. de Bismarck voulut montrer aux Haïtiens qu'il savait ne pas oublier. Il envoya deux navires réclamer paiement de deux créances qui étaient dues à deux sujets allemands. Ces créances s'élevaient à la minime somme de 75,000 francs. On ne déplace pas deux vaisseaux, on n'organise pas une expédition dont les frais peuvent s'élever à 100,000 francs pour en recouvrer 75,000.

Les navires allemands commandés par le capitaine Batch arrivent dans la rade de Port-au-Prince, le 11 Juin au soir. Pendant la nuit, ils se saisissent par surprise, et au mépris de toute justice, de deux navires de guerre haïtiens dont ils font débarquer les équipages.

Le lendemain, les créances furent payées par le gouvernement haïtien.

Les représentants des puissances accrédités en Haïti, celui de la France en tête, blâmèrent hautement l'acte inqualifiable commis par le marin allemand et mêlèrent leurs voix indignées à celles des Haïtiens.

Autre exemple tout récent. Mes compatriotes, voulant concourir à l'érection de la statue de Victor Hugo, ont ouvert une souscription. Deux conférences ont été faites au théâtre national de Port-au-Prince, le 27 Novembre de l'année dernière, par deux Haïtiens du plus grand mérite. Le nom du poète a été acclamé pendant deux heures entières. Conférences et souscription ont produit la somme de six mille francs — dans la seule ville de Port-au-Prince.

Voilà comment les Haïtiens haïssent les Français !...

Si les Haïtiens n'aimaient pas la gentille France, au lieu d'envoyer leurs enfants à Paris, ils les enverraient à Londres, à Berlin ou à Washington, ce qu'ils ne font point.

M. Quesnel est Français et collaborateur à une Revue sérieuse. Ce sont là deux qualités qui me font augurer qu'il est à la fois homme de cœur et d'esprit philosophique. De plus il n'a aucun motif particulier de haine contre les Haïtiens.

Je suis fondé à croire qu'il voudra exprimer, de bonne grâce, le regret qu'il éprouve d'avoir été induit à erreur et d'avoir induit en erreur sur le compte des Haïtiens, et qu'il voudra, sinon se déclarer leur ami, mais, tout au moins, retirer les expressions blessantes et les assertions non fondées dont son article est quelque peu semé.

M. Quesnel désire que la France soit aimée en Haïti : c'est déjà fait.

Mais je veux lui rappeler qu'on aime une nation d'autant plus que ceux qui sont les porte-parole de cette nation la font aimer; et, tout en l'assurant que je ne lui veux garder de rancune aucune, je veux lui répéter que le meilleur moyen de se faire aimer des gens ce n'est pas de leur dire des injures.

Je vous prie, Monsieur le Directeur, de bien vouloir agréer l'expression la meilleure des sentiment de haute estime et de profonde considération avec lesquels je suis, et veux demeurer,

Votre tout honoré serviteur,

LOUIS-JOSEPH JANVIER,

Docteur en médecine de la Faculté de Paris, Elève à l'Ecole des Sciences Politiques.

ÉTUDE DE M. LE Dr JANVIER

~~~~~~~~

UNE RÉPLIQUE INDISPENSABLE

A M. LÉO QUESNEL.

> « S'ils te mordent, mords-les. »
> (Devise de MORLAIX).

A la lettre que l'on vient de lire, M. Quesnel fit une réponse courte, évasive, insignifiante et qui fut insérée dans le numéro de la *Revue politique et littéraire* du 4 Février.

Cette réponse ne contenait ni toutes les rectifications que j'étais légitimement en droit d'espérer d'y voir figurer, non plus qu'aucune rétractation des assertions mensongères et des appréciations diffamantes pour ma patrie que M. Quesnel avait accumulées comme à plaisir dans son premier article.

Au lieu de déclarer qu'il avait été induit à

erreur par un voyageur ignorant et rancuneux, M. Quesnel a mieux aimé se dérober, donnant par ainsi le spectacle d'un manque de loyauté et de grandeur d'âme.

Le dénigreur de là race noire s'est bien voulu donner la peine de nous faire des compliments à M. Dévost et à moi. Nous ne lui en demandions point et n'en avions nul besoin : nous savons ce que nous sommes. Nous repoussons dédaigneusement du pied les compliments qui nous viennent d'un insulteur de notre pays et de notre race.

M. Quesnel, vaincu sur le chemin de l'histoire, s'est réfugié sur celui de l'anthropologie et de la physiologie sociale pures. Je vais le suivre sur ce terrain scientifique. Je le fais avec d'autant plus de plaisir que cela me permettra d'exposer, en même temps, en partie, l'histoire du développement du peuple haïtien et, par ainsi, de dissiper les nuages et les légendes qui obscurcissent encore le cerveau de ceux qui ne connaissent pas, dans leurs détails intimes, l'histoire de la société haïtienne et la vie actuelle de cette jeune et intéressante nation.

*
* *

M. Quesnel s'exprime ainsi : « Qu'avons-« nous dit, en somme ? Que la race africaine « livrée à elle-même tournerait dans un cercle » vicieux et qu'elle ne s'élèverait que par le

« contact et la fusion avec la race blanche :
« fusion d'idées, fusion de cœur, fusion de
« sang. »

Je réponds.

La fusion d'idées s'est opérée et s'opère
chaque jour davantage, lentement, comme
toutes les fusions qui doivent durer, mais
sûrement. C'est pour que cette fusion soit,
que les Haïtiens voyagent beaucoup, tant en
Europe qu'aux Etats-Unis, et que dans les
écoles supérieures, en Haïti, on enseigne à la
fois les langues française, anglaise et espagnole.

Certes, il faut qu'il y ait fusion d'idées entre
deux peuples, dont l'un se nourrit de la littérature de l'autre.

On n'est tant républicain et tant frondeur
en Haïti que parce qu'on y lit beaucoup de livres français : ceux qui retracent les grandes
scènes de la Révolution française, ceux des
auteurs du grand siècle et du siècle dix-hui-
tième aussi bien que ceux mélodieux ou char-
mants des auteurs contemporains.

La science, en Haïti, est toute européenne ;
et les idées des écoles de Paris priment aussi
bien en jurisprudence qu'en médecine et en
sciences naturelles ou philosophiques.

Depuis que les théories, exposées dans les
livres des illustres penseurs anglais de l'Ecole
Darwin Spencer, ont commencé de pénétrer
en Haïti ainsi que les théories d'Auguste

Comte, de Littré et de l'Ecole positiviste française, elles ont fait du chemin. Les journaux
français, lus là-bas vingt jours après qu'ils ont
paru en Europe, tiennent les Haïtiens au courant de toute la politique du vieux continent.
Voilà pour la fusion d'idées.

La fusion de cœur n'a jamais cessé d'exister
avec la gentille France. La raison en est simple : fusion d'idées entraîne inéluctablement
fusion de cœur. Fusion de cœur entraîne souvent fusion de sang !...

Le rédacteur de la *Revue politique et littéraire*
a raison de croire que *la fusion de sang* est
considérable en Haïti ; on peut même ajouter
qu'elle est presque complète.

Il n'y a peut-être pas, dans la plus monta-
gneuse des Antilles, une seule goutte de sang
chamitique pur. Le noir Haïtien est presque
toujours un *Sacatra* (1). Aussi l'œuvre de la

---

(1) La signification exacte de ce mot ne se trouve
que dans Saint-Remy. La définition qu'en donne
le Dictionnaire de Littré est inexacte.

« Le sacatra peut avoir depuis 8 jusqu'à 16 parties
blanches et depuis 112 parties jusqu'à 120 parties
noires.

« Le *sacatra* est l'enfant qui naît de l'union d'un
sacatra avec une négresse, de l'union de deux saca-
tras, de l'union d'un noir et d'une *griffonne*. » (Mo-
reau de Saint-Méry. Description de la partie française de Saint-Domingue, t. 1, 1797.)

Toutes ces niaises distinctions qui donnent une

sélection se fera-elle toute seule : par reproduction, par croisement entre indigènes.

*
* *

Visant mon compatriote et ami M. Justin
Dévost et moi, M. Quesnel écrit ceci : « Des
« hommes dont le langage témoigne de fortes
« convictions darwiniennes se révoltent à
« l'idée de sélection par absorption. »

Ici, il faut s'entendre. Il y a deux sortes
d'absorptions anthropologiques : 1º l'absorption au profit de la race autochtone ou de la
race indigène; 2º l'absorption au profit de
l'immigrant. Exemples : l'immigration armée
des Visigoths en Italie et en Espagne, celle
des Normands en Angleterre, celle des Anglais au Chili, les immigrations périodiques
des Tartares en Chine ont été des immigrations qui ont produit des sélections au profit
de l'indigène ou de l'autochtone de ces divers
pays, parce que les conquérants, devenus colons, se sont fondus dans la masse de la population déjà existante, apportant un contingent nouveau de courage ou d'intelligence au

idée de l'étroitesse d'esprit des colons de Saint
Domingue, ont si bien disparu dans la République
d'Haïti de nos jours que le mot *sacatra* est absolument tombé en désuétude. Aujourd'hui, cet ar-
chaïsme n'est connu que des Haïtiens qui s'occupent d'une manière spéciale de l'histoire de leur
pays.

milieu de populations qui avaient besoin de l'un ou de l'autre de ces leviers moraux.

On n'en peut pas dire autant de la colonisation espagnole en Haïti, de la colonisation anglo-saxonne aux Etats-Unis. Celles-ci ont amené la destruction des autochtones caraïbes dans l'île d'Haïti et la destruction des autochtones indiens sur le continent américain, parce que les émigrés et les colons n'ont pensé qu'à exploiter les Caraïbes à Quisqueya ou qu'à détruire les Indiens sur le continent.

Les Haïtiens actuels ont tout lieu de penser — et ils ont raison — qu'une immigration blanche en masse serait fatale à leur autonomie, à leur existence comme nation. Ils admettent très bien l'immigration blanche sporadique, individuelle, lente ; par celle-ci, l'élément blanc a le temps de se fondre dans l'élément noir et d'épouser les intérêts de la nationalité haïtienne, en un mot, l'absorption se fait au profit de la race indigène d'Haïti. Mais nous nous révoltons à l'idée d'une sélection par absorption qui aurait lieu au profit des immigrants et cela pour deux raisons maîtresses, capitales : 1º pour une raison philosophique, physiologique et historique; 2º pour une raison politique.

*
* *

1º *La raison physiologique, philosophique* et *historique,* je pourrais dire d'un mot la raison purement biologique pour laquelle nous nous révoltons à l'idée d'une sélection par absorption qui aurait lieu au profit des immigrants est que nous poursuivons en ce moment une expérience anthropologique en Haïti.

En nous, nous avons à lutter contre l'élément africain dont les ardeurs et les appétits sont connus ; nous avons aussi à lutter contre la turbulence et les impatiences de ce sang des aventuriers français qui peuplèrent Haïti.

Nous avons à lutter, autour de nous, contre les conditions climatologiques : chaleurs extrêmes, pluies diluviennes, sécheresses prolongées, vents violents, orages, etc. Autant d'éléments qu'il faut vaincre ou discipliner à l'aide d'une forte dose d'énergie morale et physique, d'esprit de suite et d'ordre,

Avons-nous réussi ?.... Un peu, j'ose le dire.

Nous avons évolué et je vais le démontrer.

+

Au point de vue intellectuel. — Je mentionnerai, à l'appui de ma thèse, la faculté grande de compréhension qu'ont acquise les Haïtiens : aucune science, aucun art ne leur est fermé. Dès qu'ils se mettent en tête d'étudier et de s'assimiler quelque chose, on est étonné de voir avec quelle facilité et qu'elle rapidité c'est fait.

Musiciens, ils le sont dans l'âme. C'est d'ailleurs un trait distinctif de la race noire : elle a l'instinct de la musique. Peintres, on les voit le devenir sans maîtres; et, encore que nous n'ayons jusqu'ici qu'un seul sculpteur il se fait connaître comme cent. Le Danemark n'a qu'un seul sculpteur connu : c'est Thorwaldsen.

Les langues sont apprises aussi avec une merveilleuse promptitude par les enfants de l'île que Michelet dénommait la France noire. C'est à peine si, pour l'espagnol et pour le français, un Haïtien qui possède ces langues, les prononce avec un léger accent à cause de la lettre *r* qui n'est pas dans son larynx, ce qui fait son parler traînant et doux comme une musique.

Dans les collèges, en Haïti, il est curieux de constater les progrès que la stimulation, l'amour-propre excité peuvent faire réaliser en peu de temps. Tous ces cerveaux que croient débiles les anthropologistes de cabinet, comme M. Dailly, sont conformés de la façon à s'emplir sans éclater et sont contenus dans des crânes susceptibles de devenir très capaces.

On voit les jeunes Haïtiens venir à Paris et, avec une souplesse admirable, quitter les études historiques et sociales pour embrasser les mathématiques, passer de celles-ci à l'étude de la botanique, de la géologie et des

autres sciences naturelles, entrer dans le domaine de la métaphysique, de la linguistique
ou des législations comparées, tout en s'attar-
dant en route à rimer des sonnets, cela sans
effort et sans que rien ne fasse présumer
qu'ils se livrent à un travail qui rendrait fou
tel homme né au-dessus du 55e degré de latitude boréale.

+

Au point de vue moral. — La bravoure des
Haïtiens est proverbiale, et M. Quesnel a eu
tort de la nier. Qu'étaient nos pères? De pauvres parias qui, nu-pieds, sans armes, en
haillons, sans tactique savante, mais témé-
raires au feu, ont vaincu les vieilles bandes de
l'armée du Rhin et de l'armée d'Italie.

Les vétérans qui avaient été à Jemmapes,
à Lodi, à Hohenlinden ou à Marengo admi-
raient, enthousiasmés, la farouche bravoure
de ces *quinze cents* Haïtiens qui, à la Crête-à-
Pierrot, luttèrent près d'un mois contre quatre
divisions françaises. L'évacuation même du
fort fut un triomphe. Je vais citer ici l'opinion
d'un historien digne de foi et qui se connaissait en bravoure : le général français Pamphile de Lacroix : « La retraite qu'osa conce-
« voir et exécuter le commandant de la Crête-
« à-Pierrot est un fait d'armes remarquable.
« Nous entourions son poste au nombre de
« plus de *douze mille* hommes ; il se sauva,

« ne perdit pas la moitié de sa garnison, et
« ne nous laissa que ses morts et ses bles-
« sés. » (P. de Lacroix. *Révolution de Saint-
Domingue.*) Page 311 du même ouvrage, le
même auteur s'exprime ainsi : « Aucun de
« nos artisans ou de nos laboureurs, passant
« subitement de sa condition à un rang élevé,
« ne saurait atteindre aussi vite et aussi bien
« que les hommes d'Haïti aux habitudes exté-
« rieures de l'exercice du pouvoir. » S'il en
était ainsi en 1818, au moment où Pamphile
de Lacroix écrivait son livre, on peut juger de
ce qu'il doit en être à présent.

Au moment de la capitulation de la ville du
Cap en 1803, le commandant en chef de
l'armée française, le général Rochambeau,
celui qui devait mourir à la bataille de Leip-
sick en 1813, envoya complimenter le général
haïtien Capois de l'intrépidité duquel il avait
été émerveillé durant les assauts furieux que
les troupes noires donnaient aux positions oc-
cupées par les Français autour de la ville. Ce
sont là deux traits entre mille qu'on pourrait
rappeler.

Aujourd'hui le courage au feu n'est nullement éteint dans l'âme des Haïtiens. A côté
de lui a grandi le courage civique. Les sublimes vertus du citoyen sont pratiquées chez
nous avec une abnégation et une grandeur
toutes romaines. Et si cela n'était pas, ver-
rait-on les révolutions si fréquentes?

Quand on a l'âme enfoncée dans la matière, songe-t-on jamais à s'insurger contre l'autorité ou à défendre son pays attaqué? Ceux-là seuls qui vivent sur les sommets de la terre et sur les sommets de la pensée sont amants farouches de la liberté, du dévouement et de l'abnégation, ceux-là seuls ne sont pas les contempteurs de l'enthousiasme et du patriotisme!...

Le difficile même, ç'a toujours été de régler ce patriotisme si exalté et de lui faire entendre qu'il était préférable pour la patrie que le citoyen fût toujours pacifique et tranquille et qu'il était dangereux pour elle qu'on eût une seule fois recours à la force pour la revendication d'aucun droit et d'aucune liberté.

Mais nous n'avons pas la sagesse des Anglais, lesquels, depuis 1688, par le *Bill des Droits* complété, en 1701, par l'*Acte d'Etablissement*, ont conquis leurs libertés les unes après les autres, sans révolution sanglante. Si nous ne l'avons pas cette sagesse, c'est qu'il est difficile de l'acquérir et qu'elle est le fruit d'une longue suite de transformations cérébrales qui n'ont pas encore eu lieu dans le cerveau de l'Haïtien; et que, de plus, nous sommes des Latino-Africains vivant par les 17-21me degrés de latitude au-dessus de l'équateur. Est-ce à dire qu'elle ne naîtra pas, cette sagesse? Si; elle naîtra, mais tout le monde soit que l'enfant s'assagit à mesure qu'il grandit

et que l'hérédité psychologique est autrement
difficile à vaincre que l'hérédité physiologique;
que tout progrès est suivi de réaction, et que,
nulle part, la civilisation n'a été l'œuvre d'un
our ni même d'un siècle. Prosper Lucas, Caro,
Th. Ribot, Guizot, Herbert Spencer, Darwin,
de Nadailhac, John Lubbock ont assez fouillé
et creusé ces questions pour permettre d'affirmer ces vérités.

┼

S'il faut parler de l'évolution des *croyances
religieuses* en Haïti, il est pour que je fasse
remarquer que, dans les temps de la colonisation européenne, les noirs ne pouvaient avoir
d'autres conceptions religieuses que celles
qu'ils avaient apportées d'Afrique. Les colons
s'occupaient peu d'eux-mêmes sur ce chapitre ; ils s'occupaient le moins qu'ils le pouvaient faire de la nourriture matérielle de
leurs esclaves; ils ne s'occupaient jamais des
croyances religieuses que pouvaient professer
ces remueurs de la glèbe que pour torturer
cruellement ces hommes dont le seul crime
avait été d'être faits chrétiens rien que parce
qu'on leur donnait un nom tiré de la Bible ou
de l'histoire ancienne.

Sitôt que les noirs furent gouvernés par
eux-mêmes, nous voyons le sentiment religieux
éclore et se généraliser, encore que la conduite

de leurs pasteurs spirituels fût fort peu édi-
fiante. Toussaint-Louverture et, après lui,
Dessalines et Christophe, empêchent, par tous
les moyens en leur pouvoir, la pratique des
anciennes coutumes superstitieuses d'Afrique;
ils se font aider dans cette œuvre par les
prêtres catholiques. Pétion, profond politique,
ouvre le pays au protestantisme. Depuis 1861,
il existe un Concordat entre la Cour Romaine
et la République d'Haïti. Le Concordat va
être revisé afin que les empiètements du clergé
ne soient plus nuisibles au pouvoir temporel
du gouvernement haïtien. Je crois, moi, qu'il
eut été très sage de saisir cette occasion pour
déclarer l'Eglise séparée de l'Etat et pour tenter la Réformation de la République d'Haïti
en favorisant l'entrée des pasteurs de toutes
les Eglises protestantes.

La religion protestante permettant la libre
discussion, ayant l'individualisme pour une
de ses bases, agrandissant l'homme en ne lui
demandant pas l'obéissance absolue comme la
communion catholique, développant outre mesure la force d'initiative privée, la religion
protestante est un puissant facteur du progrès
et est elle-même un progrès sur le vieux dogme
catholique.

En attendant, il y a évolution ascendante,
progrès marqué dans les idées, car la libre-
pensée en matière de religion, de morale et
de philosophie est la règle en Haïti. La libre-

pensée en religion est encore plutôt l'exception que la règle en Estramadure, dans les Algarves, dans les Asturies et dans quelques autres Espagnes.

✝

Pour donner un exemple d'évolution dans le *domaine politique*, j'appellerai l'attention sur des faits peu connus, mais très intéressants : c'est à savoir, la transformation qui s'est opérée dans la vie parlementaire depuis que la Constitution de 1816 a été votée et mise en vigueur en Haïti.

Sous l'empire de cette Constitution, le pouvoir exécutif seul avait l'initiative des lois ; en matière budgétaire, le pouvoir de la Chambre était presque illusoire et le député n'avait pas latitude de présenter un projet de loi financière, comme c'est encore la coutume en Angleterre, en 1882.

La Constitution de 1843 sépara l'autorité militaire de l'autorité administrative et créa de toutes pièces un régime administratif sur le modèle du régime administratif français d'alors : préfectures, sous-préfectures, mairies, etc. Il y eut réaction : les réformes furent balayées ainsi qu'il en a été de beaucoup des réformes civiles faites par la Constituante de 1789, la Législative et la Convention en France, lesquelles, confisquées par le Consulat, l'Empire et la Restauration, ne se reconquièrent que une à une depuis le gouvernement de Louis-Philippe et depuis surtout la Révolution du 4 Septembre 1870.

La vie parlementaire en Haïti est devenue plus intense qu'elle ne l'était sous Boyer ou sous Geffrard; la Chambre et le Sénat haïtiens de nos jours possèdent des orateurs d'affaires autant que des parlementaires rompus aux luttes et aux finesses de la politique. Nous avons aussi en Haïti une codification des lois : chose qui n'existe pas encore en Angleterre.

La civilisation grecque a été en grande partie empruntée à l'Egypte. Quand les Romains voulurent se policer, ils envoyèrent leurs enfants dans les écoles grecques.

La Renaissance italienne, commencée avec les voyages des Vénitiens et des Génois en Orient, a battu son plein sous Léon X et les Médicis, à la suite de la chute du Bas-Empire et de l'émigration des Byzantins en Italie.

En France, la Renaissance est l'œuvre de François Ier, qui attire à sa cour les artistes italiens en petit nombre ; mais le mouvement commencé sera continué, malgré les guerres de Religion, malgré la Fronde et les mazarinades, par l'immigration des Italiens en France, par Sully, par Richelieu, par Mazarin, de telle façon que le siècle de Louis XIV et de Colbert, époque de la maturité complète du génie français, est l'explosion éblouissante d'un mouvement latent qui se continuait depuis la Renaissance de François Ier.

La Révolution de 1789, qui a tout changé en France et qui est une rénovation du monde entier, couvait dans les cerveaux depuis la Régence et surtout depuis la publication de l'Encyclopédie. Or, l'Encyclopédie est un œuvre qui fut rédigé ou causé un peu par des hommes venus des quatre coins de l'Europe.

C'est sachant cela, c'est s'inpirant de ces vérités historiques qu'Haïti envoie ses enfants à l'étranger et leur dit : « Allez ! A votre retour, vous prêcherez la bonne parole et le bon exemple ; et, lentement, sagement, nous ferons des réformes ; lentement, par générations successives, nous monterons la route âpre, difficile et très longue qui conduit au point culminant de la civilisation !.... »

Ceci est pour répondre particulièrement à cette phrase de M. Quesnel (numéro du 21 Janvier) : « Il n'y a rien à faire avec une société uniquement composée d'hommes noirs. Envoyer les jeunes nègres faire leur éducation en Europe est à peine un remède, car ils amassent plus de rancunes contre les blancs qu'ils ne leur empruntent de connaissances, et la défiance à l'égard des blancs fait le malheur permanent d'Haïti. »

J'ai voulu prouver qu'il y avait beaucoup à faire avec une société formée comme l'est la société haïtienne ; j'ai voulu démontrer

qu'envoyer les jeunes Haïtiens à l'étranger
était une chose excellente pour l'avenir de la
nation haïtienne.

J'espère avoir réussi dans ma démonstration.

Avant que de démontrer le non-fondé de
cette assertion « la défiance à l'égard des
blancs fait le malheur permanent d'Haïti, » je
veux dire deux mots de la sélection physique
qui s'opère dans la République haïtienne.

✝

Pour ce qui a trait au *point de vue physique*,
j'ai déjà dit plus haut que la beauté plastique
du type noir en Haïti était la règle à cause de
la liberté dont nous jouissons depuis quatre-
vingts ans.

Beauté est signe de liberté et d'intelligence.

J'ajoute que cette sélection naturelle s'est
produite par transformation intrinsèque du
type haïtien par mélange du sang africain
avec le sang européen qui se trouvait dans
l'île après que les Haïtiens eurent proclamé
leur Indépendance en 1804.

L'élément étranger qui a pénétré en Haïti
depuis lors a pris le type haïtien, type particulier que ne connaissent pas les anthropologistes de cabinet comme M. Dailly, mais que
l'illustre Broca connaissait bien.

Presque tous les étrangers qui arrivent en

Haïti dans un but de négoce y font souche : les Haïtiennes sont tant excellentes ménagères et si dévouées compagnes.

Les Haïtiens, de leur coté, sont tant hospitaliers, tant accueillants qn'on pourrait même leur reprocher de l'être trop pour quelques aventuriers sans vergogne et sans valeur — heureusement rares — qui vont chez eux semer la discorde au lieu de songer à travailler et à ne s'occuper que de ce qui les regarde ou qui y vont en exploiteurs plutôt qu'en amis. Aussi, nonobstant le contingent français qui vient s'ajouter tous les jours au sang français d'autrefois, les Anglais, les Allemands, les Espagnols, les Yankees, et même les Italiens fusionnent avec nous, et mêlent leur sang au nôtre.

Le plus souvent, les enfants qu'ils font se déclarent, se naturalisent Haïtiens. Ces enfants d'ailleurs prennent toujours le type, le cachet haïtien, le milieu social ambiant exerçant autant son influence sur le physique que sur le moral. On sait que l'Européen, d'où qu'il vienne, qui a passé une dizaine d'années, à Paris, par exemple, et l'étranger de sang japhétique qui y est né s'approprient insensiblement, et quelquefois tout à fait, le type parisien.

D'un autre côté, en Haïti, les subtiles distinctions de castes et de couleurs qui avaient été soigneusement établies dans un but poli-

tique par les colons français, et machiavéliquement maintenues par les agents de la
métropole dans l'ancienne Saint-Domingue —
par l'agent Hédouville, entres autres — ces
puériles, mesquines et absurdes distinctions
de castes ou de couleurs ont presque complé-
tement disparu.

Elles ont disparu devant la lumière qui s'est
faite dans les cerveaux — résultat dû à la
propagation de l'instruction publique — et
devant l'unification du type haïtien, unification qui est l'œuvre du croisement qui s'est
opéré et s'opère chaque jour davantage entre
les enfants de Quisqueya, entre les membres
qui composaient la majorité et la minorité de
la famille haïtienne au moment de la formation
politique de l'Etat d'Haïti.

Aujourd'hui dans la grande République
noire de la mer des Antilles, c'est à peine si
le sociologue, ce physiologiste de la société,
peut, d'une oreille exercée et attentive, arriver
à percevoir, en auscultant le poumon du
peuple, les râles affaiblis, — râles de conva-
lescence, *crepitans redux* --- de cette maladie
qui s'est nommée *préjugé de caste*. C'est à peine
si l'œil sagace de l'homme d'Etat, ce psy-
chiâtre d'une nation, peut rencontrer et observer dans les moments de crises politiques
aiguës (élections législatives, élection présidentielle) des cas sporadiques de cette curieuse
et singulière maladie de l'intelligence qu'on

appelle *préjugé de couleur*. Cela ne se peut plus observer que chez quelques rares esprits bornés, superficiels, ignorants ou monstrueusement pervers quoique éclairés, ou encore dans quelques âmes faibles, emplies de visions ou de chimères et affolées par la peur de dangers imaginaires.

Aujourd'hui — si les Haïtiens instruits pouvaient avoir des préjugés — on pourrait dire qu'il n'y a plus à Quisqueya qu'un seul préjugé : celui du savoir.

+

Donc, et pour me résumer, les sélections morale et intellectuelle se font dans la République d'Haïti par contact avec les hommes, les idées et les choses transatlantiques, mais la transformation, la sélection physique se fait et se fera dans l'ancienne Saint-Domingue par multiplication des Haïtiens entre eux et par croisement des Haïtiens avec les étrangers arrivant dans le pays individuellement, isolément, au fur et à mesure.

Ces divers résultats doivent être poursuivis et obtenus dans un but d'intérêt général, à cause d'un intérêt politique majeur et dont je vais parler.

*
* *

2° **La raison politique.** — Ici je crois devoir copier la phrase que M. Quesnel écrivait, dans

la *Revue politique et littéraire* du 4 Février, à
l'adresse de mon ami, M. Dévost, et à la
mienne : « Ont-ils donc pensé que le centre
africain et qu'Haïti resteront des terres fer-
mées, que le type noir persistera éternelle-
ment sur le globe? Et croient-ils qu'une race
qui est — ils nous accorderont au moins
cela — en retard de plusieurs milliers d'années sur la race blanche ne subira pas le mélange inévitable, et, pour son propre bien,
l'ascendant de cette dernière? »

Pas plus que moi M. Dévost ne croit que le
type noir persistera éternel. L'un et l'autre,
nous savons assez l'histoire anthropologique
de l'Europe et du monde pour ne pas croire
ainsi. Nous savons que tel Espagnol, par
exemple, peut avoir dans ses veines un peu
de sang phénicien, un peu de sang carthagi-
nois, un peu de sang romain, un peu de sang
wisigoth, et — malgré l'Inquisition — un peu
de sang arabe, ou maure, ou israëlite et que
ce mélange a certainement transformé le type
de l'autochtone de la Bétique, de l'aborigène
Ibère.

Il en est de l'Espagne comme de tous les
pays où la race blanche habite, ou pour presque tous, tous ou presque tous ayant été tour
à tour envahis et conquis par des races plus
violentes et plus rusées.

Au contraire nous croyons fermement à la
venue du jour annoncé par Michelet où la

race noire — la race aimante — rajeunira la
race blanche en infusant à celle-ci son sang
non épuisé et même encore vierge.

Le centre africain commence à s'ouvrir et
nous souhaitons qu'il continue de s'ouvrir, mais
devant des Livingtons, devant des philanthropes et non devant des exploiteurs d'hommes. Déjà le continent noir n'est plus l'*Africa
portentosa*, l'Afrique mystérieuse des Romains.
Elle laisse non seulement deviner mais voir ses
mystères. Si elle a tant tardé à s'ouvrir toute, la
faute en est aux nations... esclavagistes, car les
Portugais, entre autres, étaient bien accueillis
à Benguela et à Angola, au commencement du
XVᵉ siècle, et y avaient fondé des comptoirs
florissants. Dès qu'ils commencèrent de faire
la traite, les noirs devinrent leurs mortels ennemis et ces comptoirs furent ruinés, puis dé-
truits.

Nous ne croyons pas non plus qu'Haïti
puisse rester une terre fermée— j'ai démontré,
plus haut, que depuis longtemps déjà elle
était ouverte, — mais, — il y a un mais, —
nous la voulons ouvrir lentement, en politiques, en gens prudents et avisés qui savent
l'histoire du développement graduel des nations et qui veulent garder leur autonomie.

Que dirait-on d'un paysan qui, après avoir
travaillé cinquante ans pour acquérir un lopin
de terre, qui l'aurait payé deux ou trois fois,
qui se serait bâti dessus une petite cabane, se

disant : « Mon fils bâtira maison, » — que dirait-on de lui si, peu après, sous le fallacieux prétexte d'enrichir son fils encore mineur, il lotissait le terrain et mettait les lots en vente lorsqu'il sait qu'un voisin riche, fort et peu scrupuleux, ne demande qu'à l'acheter?

Il y aurait 99 chances sur 100 pour l'héritier de cet homme d'être dépossédé entièrement du domaine paternel et d'être réduit à devenir le domestique à jamais de son puissant et vigoureux voisin. Vaut-il pas mieux que le père meure, laissant son enfant pauvre, mais maître du lopin de terre, quitte pour celui-ci à le faire fructifier plus tard et à s'enrichir en le travaillant de ses bras?

Un Etat est un homme tiré à un milion et plus d'exemplaires. Avant que de devenir homme l'enfant tâtonne, se traîne, essaie de marcher, piétine sur place, tombe, se relève, marche, se tient droit, marche encore et marche toujours.

Nous avons essuyé toutes les douleurs, avalé toute les avanies, bu toutes les hontes et souffert des plus monstrueuses calomnies; nous sommes tombés plusieurs fois, nous nous sommes relevés, nous marchons, nous sentons nos jambes qui s'affermissent, nos muscles qui se durcissent, nous nous sommes mis hors de page et nous voulons aller par le monde tout seuls.

D'aucuns nous trouvent prétentieux et nous

voudraient mettre en tutelle. Merci! nous sortons d'en prendre.

Nous connaissons d'ailleurs quelque peu l'histoire de ces pays qui se nomment Australie, Iles Sandwich, Taïti, les Philippines, le Paraguay, le Transvaal.

Nous savons que la race australienne a été égorgée ; qu'aux Iles Sandwich, la population décroît chaque jour et qu'on n'y fait plus d'enfants; qu'aux îles Gambier il a fallu que l'autorité militaire française allât de Taïti faire des menaces aux prêtres catholiques de cet archipel pour qu'ils cessassent les vexations inquisitoriales qu'ils commettaient sur les indigènes de ces îles auxquels ils ont imposé un gouvernement théocratique. (*Revue nou-velle* 1881).

Nous savons qu'à Taïti la population est descendue depuis un siècle, que Bougainville l'a découverte, de 80.000 âmes à 8.000 — cela, grâce à la pêche des perles, au tabac, à l'alcool et à l'opium.

Dans la Nouvelle-Zélande, l'extermination de la race maorie a été systématiquement et froidement exécutée par les Anglais.

La chose s'est faite en quarante ans — de 1840 à nos jours — à ce que nous apprend M. Emile Blanchard, de l'Institut.

Je passe la parole à cet éminent savant français dont l'impartialité est consolante — encore qu'inefficace malheureusement — au

milieu des injustes attaques dont sont victimes
les petits peuples qui ne peuvent se défendre
par la plume et qui sont impitoyablement
massacrés lorsqu'ils veulent se défendre par
les armes. Voici ce que dit ce membre de
l'Institut de France : « N'est-elle pas lugubre
cette histoire de la conquête des îles australes »?
(Cette conquête ne fut au début qu'une humble
colonisation provoquée par les Maoris même.)
« De prétendus sauvages, remarquables par
l'intelligence, avaient aspiré à la civilisation.
N'ayant de fanatisme d'aucun genre, ils of-
fraient amitié aux Européens qui venaient
s'établir sur leur sol, et ces Européens, qui
devaient les instruire et les protéger les ont
blessés, dépouillés, massacrés. C'est un honneur pour les missionnaires protestants et
pour certains hommes politiques d'avoir pris
la défense des Maoris et d'avoir subi les injures des colons, qui ne rêvaient que l'extermination. Sur les terres où le capitaine Cook
trouvait des peuplades nombreuses, après
moins d'un siècle écoulé, on en cherche les
débris. » (*Revue des Deux Mondes*, numéro
du 15 Janvier 1882.)

N'avons-nous pas le droit de hausser les
épaules quand quelques voyageurs, d'ailleurs
très ignorants, nous viennent dire niaisement
que les Haïtiens auraient dû ouvrir leur pays
à une colonisation blanche en masse? N'avons-
nous pas le droit de sourire de façon mépri-

sante quand quelque publiciste superficiel nous vient dire à la légère que « la défiance à l'égard des blancs fait le malheur permanent d'Haïti?... »

Depuis que la Chine est devenue le grand débouché de l'opium récolté dans les Indes Anglaises, la mortalité y a augmenté, la natalité a diminué et les sujets de l'Empire du Milieu n'ont pas lieu de se féliciter d'avoir été forcés d'ouvrir brusquement leurs portes au commerce anglais.

Nous savons toutes ces choses — et quelques autres encore — et nous aimons à nous ramentevoir que l'île d'Haïti même fut transformée en un véritable champ de carnage quand la race indienne de cette île, — « race en retard de plusieurs milliers d'années sur la race blanche espagnole » — eût subi, *pour son propre bien*, l'ascendant de cette dernière.

C'est justement parce que M. Dévost et moi nous avons de fortes convictions darwiniennes; parce que nous savons que dans la lutte pour la vie il y a un terrible « Malheur au pauvre! Malheur au faible! » très ressemblant au « Malheur aux vaincus » de Brennus; c'est parce que nous avons la modestie de croire que le paysan d'Haïti est moins bien armé pour la lutte que le paysan des Etats-Unis, que nous voulons éviter au premier le contact trop intime du second.

Les Haïtiens n'ont plus à appréhender qu'un

orage transocéanien, un orage parti d'Europe vienne fondre sur leur île.

L'Angleterre a tant de colonies qu'elle ne sait plus qu'en faire. L'Allemagne a à peine une flotte, et on peut affirmer sans crainte que l'Haïtien ne laisserait jamais confisquer son autonomie par un peuple si différent de lui, si éloigné de lui et dont les soldats quelqu'excellents qu'ils soient ne pourraient jamais se tenir debout au soleil lorsque le thermomètre marquerait 40 degrés de chaleur à l'ombre. Les Français auxquels nous devons encore quelqu'argent pour la terre que nous avons achetée d'eux après l'avoir conquise et pour un emprunt fait en 1875, les Français ne sauraient penser à revenir en Haïti, cela pour cent mille raisons dont l'une des bonnes — il y en a de meilleures — est que la France n'aime plus coloniser. Une preuve : l'Algérie qui est à la porte de la France, encore qu'elle ait reçu des convois d'émigrés alsaciens après 1871, possède plus de colons étrangers que de colons français, et les colonies françaises du golfe du Mexique ne reçoivent plus d'émigrants de la mère-patrie.

La France, actuellement, fait moins d'enfants qu'elle n'en faisait sous Louis XIV.

L'Espagne? Pour conserver Cuba elle est obligée d'y entretenir 80,000 hommes. S'il lui prenait fantaisie d'entrer en Haïti, il lui faudrait le double de cet effectif et le décuple de l'argent qu'elle dépense à Cuba pour la solde de ces troupes. Or l'Espagne a peu d'argent et les Cortès ne sont plus très conciliantes, et don Carlos, d'un côté, et M. Ruiz Zorilla, de l'autre, guettent à la porte. D'ailleurs nous sommes protégés contre l'Europe par la doctrine de Monroë : « L'Amérique aux Américains ! »

Mais nous avons besoin d'être protégés par l'Europe contre la doctrine de Monroë.

En effet, tout autre que la situation de l'Espagne est celle des Etats-Unis. Les Américains de la République Etoilée ont des capitaux qu'ils voudraient exporter depuis que leur dette est presque éteinte et que le Sud ne songe plus à la revanche. A cette heure, ils font la conquête économique du Mexique ; ils ont un Congrès singulièrement facile à la détente quand il s'agit de voter des crédits pour donner une extension à la puissance des Etats-Unis au dehors. Dans le Pacifique et dans l'Atlantique, ils cherchent des colonies à tout prix. Haïti leur sourirait d'autant plus que les navires américains auront maintenant à côtoyer cette île tous les jours pour se rendre à Panama. Et M. Quesnel choisit juste ce moment pour nous dire que « la défiance à l'égard des blancs fait le malheur permanent d'Haïti. » .

Malheur permanent ! « D'abord nous ne sommes pas aussi malheureux que l'on le croit!..

Et puis — (de même que, dans le *Médecin malgré lui*, il plaît à la femme de Sganarelle d'être battue par son mari) — s'il nous plaisait d'être malheureux..... pour garder notre autonomie!...

La misère au milieu des richesses soit, mais la misère avec l'indépendance!

C'est déjà meilleur que la richesse sans l'indépendance! Et puis encore qui nous dit que nous deviendrions riches du jour au lendemain, même en compromettant notre indépendance?

C'est pour conserver cette indépendance que nous refusons d'accorder droit de propriété aux étrangers de rencontre et de passage et que nous ne le voulons accorder, ce droit, qu'à ceux qui après s'être *haïliannisés* par le cœur se veulent faire Haïtiens de fait en consentant à se naturaliser en Haïti, à devenir citoyens haïtiens.

Nous ne sommes pas sans savoir quelque peu les extrêmes du droit constitutionnel des nations. Nous n'ignorons pas que si, aux Etats-Unis, des centaines d'émigrés débarqués le matin peuvent faire leur déclaration de naturalisation et peuvent prendre part aux élections législatives le jour même, en Belgique, au contraire, un étranger n'obtient la naturalisation qu'après un vote du Parlement. Cette disposition est tellement importante

4

qu'elle est consignée dans le texte même de la Constitution belge,

Dans tous les pays de la terre, la loi est l'expression et le thermomètre des mœurs et le critérium des besoins de ce pays.

L'île d'Haïti a 5.200 lieues carrées de superficie. Nous la voulons peupler nous-mêmes et dans le temps le plus court possible ; voilà pourquoi la loi n'est pas trop sévère pour les unions libres ; unions libres qui font rire les sots et les superficiels ; unions que nous avons empruntées aux anciens colons français et qui sont pratiquées, nous dit M. Schœlcher (*Colonies francaises et Haïti*, 1841), dans toutes les colonies du Tropique du Cancer, même dans celles de la puritaine Angleterre et par les colons eux-mêmes ; unions libres, qui sont approuvées et prônées par de savants juriconsultes, entre autres par l'érudit professeur E. Accolas ; unions libres, qui sont tout ce qu'il y a de plus naturel, de plus normal, dans les pays chauds, où il y a deux femmes, et plus quelquefois, pour un homme ; unions libres enfin, qui, au point de vue politique, peuvent rendre les plus grands services à une jeune nation, attendu que les enfants naturels valent bien les enfants légitimes lorsqu'il s'agit de défendre le territoire et que les premiers valent souvent mieux que les derniers lorsqu'il s'agit de porter au loin la gloire et le renom de la patrie.

Tout en ne sortant pas du cadre de la question de sélection, j'arrive à traiter de la question des mariages et des unions libres en Haïti. Cette seconde question est tellement connexe, tellement contingente à la première, que l'une se complète par l'autre et que je ne les sépare pas dans mon esprit.

Il est bon qu'on réfute les erreurs de quelques piètres écrivains, tels que Gustave d'Alaux, MM. Meignan et Lasselve, observateurs médiocres, doués d'une logique plus qu'insuffisante, aussi prudhommesques que pédantesques et burlesques et qui croient, dans leur candeur naïve, que le mariage a toujours été de règle en Europe, et qu'il aurait dû être de règle dans les pays chauds.

Je vais exposer des idées qui ne sont pas exclusivement miennes, mais que je ferais miennes, s'il en était besoin, pour en revendiquer toute la paternité et toute la responsabilité.

Je cite d'abord les lignes suivantes dues à la plume de M. Léo Quesnel (*Revue* du 21 Janvier). Voici: « Et où en est, dans la belle terre « d'Haïti, la moralité publique? Le mariage, « de l'aveu de M. Lasselve, y est resté le pri- « vilège des classes élevées, si tant est qu'il y « ait des classes élevées parmi les nègres.

« Une femme pauvre ne se marie pas: elle « se place. Un homme demande une fille à ses « parents ou à elle-même. Moyennant certai-

« nes conditions, l'accord est fait. L'amoureux
« l'amène à sa case, où elle s'occupe du mé-
« nage et partage sa natte...

« Quand un personnage (noir) se marie, les
« choses se passent à l'instar de l'Europe.
« M. Lasselve eut l'occasion d'assister au ma-
« riage de Mlle Elise Elie, petite-fille du duc
« de Tiburon, ministre de Soulouque. »

Voilà bien le scolastique! Un condottiere
des lettres, un de ces juifs errants de la plume
qu'Alphonse Daudet eût appelé *un raté* (1),
et Emile Augier, un Giboyer; une de ces es-
pèces que Francisque Sarcey eût baptisé *un
homme fort* (2) et que moi je surnomme le *pla-
giat incarné* — et pour cause — un condottiere des lettres lui dit qu'il y a des classes
élevées en Haïti comme partout ailleurs, il ré-
pond : « Si tant est qu'il y a des classes élevées chez les nègres. » Comme c'est fin, spirituel, débordant d'atticisme, et comme c'est
bien là le trait distinctif d'un cerveau nourri
de scolastique! Tout le premier article de
M. Quesnel est de ce ton et de cette force.
Aussi ai-je dédaigné d'en critiquer la forme
de même que je n'ai eu cure de relever toutes
les fautes d'histoire et de géographie qui y
foisonnent.

Je ne m'attache qu'à la partie philosophique

(1) Voir *Jack.*
(2) Voir *Le Mot et la Chose.*

et politique des deux articles dans lesquels ce tâcheron des lettres a insulté ma patrie.

Maintenant écoutons parler un véritable penseur, un savant, un érudit, un philosophe hors ligne, écoutons Arthur Schopenhauer exprimer son opinion sur le mariage en Europe.

Il dit: « Les lois qui régissent le mariage « en Europe supposent la femme égale de « l'homme, et ont ainsi un point de départ « faux... L'avantage que la monogamie et « les lois qui en résultent accordent à la « femme, en la proclamant l'égale de l'homme, « ce qu'elle n'est à aucun point de vue, pro- « duit cette conséquence que les hommes sen- « sés et prudents hésitent souvent à se laisser « entraîner à un si grand sacrifice, à un pacte « si inégal.

« Chez les peuples polygames, chaque femme « trouve quelqu'un qui se charge d'elle ; chez « nous, au contraire, le nombre des femmes « mariées est bien restreint et il y a un nom- « bre infini de femmes qui restent sans pro- « tection, vieilles filles végétant tristement, « dans les classes élevées de la société, pau- « vres créatures soumises à de rudes et péni- « bles travaux, dans les rangs inférieurs. Ou « bien encore elles deviennent de misérables « prostituées, traînant une vie honteuse et « amenées, par la force des choses, à former « une sorte de classe publique et reconnue,

4.

« dont le but spécial est de préserver de la sé-
« duction les heureuses femmes qui ont trouvé
« des maris ou qui peuvent en espérer. Dans
« la seule ville de Londres, il y a 80,000 filles
« publiques : vraies victimes de la monoga-
« mie, cruellement immolées sur l'autel du
« mariage. Toutes ces malheureuses sont la
« compensation inévitable de la dame euro-
« péenne, avec son arrogance et ses préten-
« tions.

« Aussi la polygamie est-elle un véritable
« bienfait pour les femmes considérées dans
« leur ensemble. De plus, au point de vue ra-
« tionnel, on ne voit pas pourquoi, lorsqu'une
« femme souffre de quelque mal chronique, ou
« qu'elle n'a pas d'enfants, ou qu'elle est à la
« longue devenue trop vieille, son mari n'en
« prendrait pas une seconde.

« Ce qui a fait le succès des Mormons, c'est
« justement la suppression de cette mons-
« trueuse monogamie. En accordant à la
« femme des droits au-dessus de sa nature,
« on lui a imposé également des devoirs au-
« dessus de sa nature; il en découle pour elle
« une source de malheurs. Ces exigences de
« classe et de fortune sont en effet d'un si
« grand poids que l'homme qui se marie com-
« met une imprudence s'il ne fait pas un ma-
« riage brillant; s'il souhaite rencontrer une
« femme qui lui plaise parfaitement, il la cher-
« chera en dehors du mariage et se contentera

« d'assurer le sort de sa maîtresse et celui de
« ses enfants. S'il peut le faire d'une façon
« juste , raisonnable , suffisante et que la
« femme cède, sans exiger rigoureusement les
« droits exagérés que le mariage seul lui ac-
« corde, elle perd alors l'honneur parce que le
« mariage est la base de la société civile, et
« elle se prépare une triste vie, car il est dans
« la nature de l'homme de se préoccuper outre
« mesure de l'opinion des autres. Si au con-
« traire, la femme résiste, elle court risque
« d'épouser un mari qui lui déplaise ou de
« sécher sur place en restant vieille fille ; car
« elle a peu d'années pour se décider.

« C'est à ce point de vue de la monogamie
« qu'il faut lire le profond et savant traité de
« Thomasius : *De concubinatu.*

« On y voit que chez tous les peuples civi-
« lisés de tous les temps, jusqu'à la Réforme,
« le concubinat a été une institution admise,
« jusqu'à un certain point légalement reconnue
« et nullement déshonorante. C'est la Réforme
« luthérienne qui l'a fait descendre de son rang,
« parce qu'elle y trouvait une justification du
« mariage des prêtres, et l'Eglise catholique
« n'a pu rester en arrière.

« Il est inutile de disputer sur la polygamie,
« puisqu'en fait elle existe partout et qu'il ne
« s'agit que de l'organiser.

« Où trouve-t-on de véritables monogames?
« Tous, du moins pendant un temps, et la

« plupart presque toujours, nous vivons dans
« la polygamie. Si tout homme a besoin de
« plusieurs femmes, il est tout à fait juste
« qu'il soit libre, et même qu'il soit obligé de
« se charger de plusieurs femmes; celles-ci
« seront par là même ramenées à leur vrai
« rôle, et l'on verra disparaître de ce monde la
« *dame*, ce monstrum de la civilisation euro-
« péenne et de la bêtise germano-chrétienne,
« avec ses ridicules prétentions au respect et à
« l'honneur; plus de dames, mais aussi plus
« de ces malheureuses femmes, qui remplis-
« sent maintenant l'Europe! » (Schopenhauer,
Pensées et fragments.)

Ainsi parle Schopenhauer devant lequel les
penseurs de toute l'Allemagne et d'une bonne
moitié de l'Europe et du monde s'inclinent en
ce moment, entendez-vous, Meignan, Lasselve
et autres esprits puérils?...

Il y a assez longtemps que Pascal a dit que
ce qui était la vérité en deçà pouvait bien ne
pas être la vérité en delà; et il y a longtemps
aussi que Montesquieu est venu, avec une
masse de faits, prouver la véracité du principe posé par Pascal.

Le mariage est une institution qui, jusqu'à
un certain point, peut avoir sa raison d'être
dans les pays froids et même tempérés, mais
qui peut aussi n'avoir aucune raison d'être
dans les pays chauds, cela pour plusieurs raisons que je vais exposer,

Une des fins de l'homme ici-bas est la reproduction de l'espèce. C'est pourquoi tout individu jeune qui va mourir, le jeune phtisique
surtout, est très salace. L'instinct de la con-
servation de l'espèce crie en lui et il regrette
d'autant plus la vie qu'il n'a pas encore pro-
créé. Le mot d'André Chénier marchant à l'é-
chafaud et disant, en touchant son front :
« Pourtant j'avais quelque chose là », est celui
d'un créateur qui sent que son œuvre conçue,
mais non née, va périr avec lui. L'homme qui
n'a pas encore fait œuvre de paternité physique se dit la même chose au point de vue matériel, quand il se voit lentement mourir.

Ceci posé, nous admettrons comme conséquence que l'homme doit à la nature, à son
pays, à lui-même de laisser après lui des hé-
ritiers de son nom. Ce qui est un simple devoir dans un pays peuplé devient une obliga-
tion formelle, absolue dans un pays non peuplé, car ici la patrie a besoin de bras, ces
facteurs de la richesse et ces défenseurs du
sol.

Les lois de Lycurgue accordaient des avantages aux citoyens qui donnaient beaucoup
d'enfants à la patrie. (Glasson. *Mariage et Divorce.*)

Dans un pays qui a besoin d'être peuplé, si
un homme ayant plusieurs femmes peut être
le père de cinquante enfants, il est absurde de
lui imposer une seule femme qui ne lui don-

nerait qne dix enfants ou même né lui en donnerait pas du tout. S'il se marie et reste stérile, ne commet-il pas un crime de lèse-patrie? La population de la partie française de l'île d'Haïti a triplé depuis l'indépendance. Si la monogamie avait été la règle en Haïti, la population y aurait diminué, étant donné l'habitude que les Haïtiennes ont d'allaiter elles-mêmes leurs enfants, la mortalité plus grande des enfants dans les pays chauds et les guerres qui ont eu lieu dans cette île depuis 1804.

Si la monogamie était la règle dans le monde entier, l'univers irait se dépeuplant au lieu de se peupler chaque jour davantage.

Au Brésil, par exemple, où il y a onze millions d'habitants sur une superficie égale à celle de 4/5 de l'Europe, ne serait-il pas mauvais qne la monogamie fût la règle? Si les Brésiliens tenaient à peupler eux-mêmes leur pays, combien de siècle mettraient-ils à le faire si l'union catholique sans le divorce y était rigoureusement imposée ?

Au point de vue politique, le mariage catholique stérilise un Etat. Voyez les Mormons. En trente-quatre ans, ils ont peuplé l'Utah. Voyez l'Espagne, pays' catholique et à peu près monogame , il se dépeuple au contraire.

Le Mormon polygame aime-t-il moins ses cent enfants et les élève-t-il moins bien que ne le fait des siens le catholique orthodoxe,

lequel, après avoir fait longtemps de son al-
côve un cimetière, se paie le luxe de deux enfants rabougris, cacochymes, cachectiques,
dans les deux dernières décades de sa vie?...

Les enfants naturels sont-ils moins bons citoyens que les enfants légitimes? Au contraire.
L'union naturelle ayant eu lieu par libre con-
sentement des parties, par choix, le produit
qui en résulte, enfant de l'amour, est aussi
l'enfant de la sélection.

Aussi voit-on, en moyenne, les enfants naturels être plus intelligents, plus actifs, plus
vigoureux, plus hardis que les enfants légitimes. Je cite en courant quelques noms : Du-
nois, d'Alembert, le maréchal de Saxe, E. de
Girardin. Pour qu'ils naquissent, il a fallu
qu'il y eût communion d'âmes entre les deux
facteurs; il a fallu que le père ne fût ni un
cacochyme, ni un sot, que la femme ne fût pas
une grossière et laide personne.

Enfin les deux géniteurs se sont voulus. En
est-il de même dans le mariage régulier? Non.
C'est même trop souvent l'exception. La règle
c'est qu'on s'épouse dans un but d'intérêt vil
et sordide, intérêt qui n'est nullement celui
de la reproduction de l'espèce. On s'épouse
pour la dot, pour les relations de famille; on
fait des mariages de raison, des mariages de
convenance, des mariages d'argent. Le cœur
et la nature n'ayant pas présidé à ces unions,
n'ayant pas signé au contrat, n'ayant pas été

priés à ces noces, se retirent aussi quand doit venir l'enfant ; aussi celui-ci naît-il souvent rachitique, phtisique, mal bâti, égoïste et devient traître à sa famille, traître à son pays au moment du danger.

Dans les pays tempérés, la polygamie a de tout temps été de constante et commune pratique. On prenait quelquefois plusieurs femmes en Israël. Après le déluge de Noé, en Judée, et après le déluge de Deucalion en Grèce, les patriarches n'eurent d'autre préoccupation que de peupler. On était estimé d'autant plus qu'on avait de femmes et qu'on faisait d'enfants. En Grèce Danaüs a cinquante enfants. En Israël, Jaïr a trente fils, tous soldats. Jacob aurait été un inconnu et il eût manqué à son but sur terre s'il se fût contenté d'une seule femme et de procréer ses dix premiers enfants. Car, n'eût été Joseph, que serait devenue l'humanité pendant la fameuse famine dont parle la Bible?

La pluralité des femmes était un fait si commun au moyen âge que l'un des nombreux conciles de Tolède fut obligé de décider qu'aucun laïque ou *ecclésiastique* ne pourrait avoir plus d'une femme ou concubine à la fois. Ni ecclésiastiques ni laïques ne tinrent compte de cette décision. Au XIIIᵉ siècle, en 1204, don Pedro, roi d'Aragon, en épousant Marie de Montpellier, s'engage dans le contrat à ne pas avoir d'autre femme qu'elle, — ce qui prouve qu'en ce temps-là on était accoutumé d'avoir plusieurs femmes

Louis XIV et Louis XV ne se gênaient pas pour avoir plusieurs épouses à la fois, et on sait que le Roi-Soleil, le fils aîné de l'Eglise, s'il vous plaît, légitima ses enfants naturels, — ce dont nous lui faisons compliment. Il est vrai de dire que bien des personnes qui trouvent admirable que Louis XIV ait pris Mme de Montespan à son mari, n'admettraient pas qu'un noir d'Haïti ait deux femmes au lieu d'une. Logique, ma mie, jusques à quand continueras-tu de rester lettre morte pour les gens de parti pris, pour les moralistes à pré-jugés, scolastiques, philistins et prudhommes, surtout quand ils se mêlent de philosopher ou de parler de choses dont ils ne savent pas le premier mot!... Moïse, Mahomet, Confucius, Zoroastre ont tous admis la pluralité des fem-mes. Et le Coran, les lois de Manou, la Bible valent bien — on le conviendra — les décisions du Concile de Trente (1563) ou d'un Concile de Tolède.

La loi de nature est tellement impérieuse que, même dans les pays où il subsiste des préjugés contre les enfants nés en dehors du mariage, ces préjugés commencent à être foulés au pied. L'année dernière, la statistique ac-cusait, si je ne me trompe, une proportion de 50 % de naissances naturelles dans le IVe arrondissement de Paris, et le jury de la Seine ne condamne presque plus les mères infanticides.

Il faut observer aussi que le mariage est peut-être moins moral que l'union libre, attendu que dans les pays où le mariage existe avec les préjugés qu'il engendre, l'infanticide est très commun ainsi que les suicides de mères. En Haïti, une mère qui tuerait son enfant serait honnie et conspuée par les autres mères.

La dot, cette institution des peuples qui veulent restreindre le nombre des naissances, n'est pas dans les usages du peuple haïtien.

Pourtant un enfant chez nous n'est jamais une charge même pour sa mère si elle est très pauvre et si c'est elle qui doit pourvoir à sa propre subsistance et à celle de l'enfant. D'ailleurs, qu'on ne vienne pas nous jeter la poudre aux yeux! Croit-on, par hasard, que les enfants légitimes des pauvres à Londres, à Lille, à Paris, à Lyon, à Berlin et surtout en Irlande, croit-on qu'ils soient plus heureux que les enfants naturels des pauvres en Haïti?

Dans un pays chaud on peut toujours élever un enfant. Il vit d'air, de soleil, de fruits, d'eau, etc., et toutes ces choses font souvent défaut au pauvre peuple dans les villes et contrées d'Europe que j'ai plus haut nommées.

Dans les pays chauds, il est de règle, et Haïti — encore que pays de montagnes et relativement tempéré — ne fait pas exception à

cette règle, dans les pays chauds, il est d
norme qu'il naît deux filles contre un garçon.
Toute créature en ce monde a droit à sa part
de jouissance ou de douleur, et il n'est jamais
bon de créer des mœurs factices, des coutumes
contraires à la justice, à la raison et à la morale vraie. Rousseau voulait qu'on ramenât
l'homme à la nature. Les Haïtiens sont petits-
fils de Rousseau par la Révolution française.
A côté du mariage, nous gardons l'union libre
et la trouvons bonne, parce qu'elle n'est pas
contraire à la morale; parce qu'un père ou
une mère, en Haïti, n'abandonne jamais ses
enfants, si nombreux soient-ils; parce que
nous avons besoin, pour raison politique ma-
jeure, de peupler notre pays; et parce qu'enfin la morale n'a été inventée que comme
auxiliaire de la politique et que, si une morale
est contraire à la politique d'un peuple, cette
morale est mauvaise pour ce peuple.

La population du Chili a doublé depuis cinquante ans. Ce sont les Chiliens eux-mêmes
qui ont peuplé leur pays. En France sur
1000 habitants, on compte 26 naissances par
an. En Europe, pour 1000 habitants, il y a
36 naissances. Au Chili, sur 1000 habitants,
il y a 43 naissances, dont un cinquième sont
des naissances illégitimes.... La population
du Chili ayant doublé, sa richesse et sa puissance militaire ont augmenté en proportion.
Aussi, il y a deux ans, en même temps que

les Chiliens battaient sur terre et sur mer les Péruviens et les Boliviens à Tacna, à Antofagasta, à Iquique, à Mejilonès, à Chorillos, à Miraflorès, bloquaient le Callao et occupaient Lima, ils négociaient avec la République Argentine, dont ils viennent d'obtenir un traité avantageux qui leur donne la moitié occidentale de la Patagonie. (*Collège de France. Cours de M. Levasseur. Notes personnelles.*)

Haïtiens, mes compatriotes, gaussez-vous des abstracteurs subtils ou pédants; ne vous souciez mie de ce que peuvent dire les jésuites en robe courte et faites beaucoup d'enfants. La patrie en a besoin et c'est elle qui vous en demande.

La politique scientifique et raisonnée de nos jours n'a absolument rien à démêler avec la théologie scolastique.

Quant Haïti sera peuplée, il sera toujours temps pour qu'on décrète cette hypocrisie qu'on nomme la monogamie officielle. Mais je défie qu'on la fasse jamais passer dans les mœurs.

La loi physiologique est que l'homme, dans les pays chauds, sécrète en plus grande abondance la matière séminale et que la femme y supporte moins que dans les pays froids la continence et la chasteté.

Cette loi physiologique primera toujours la morale faite par les hommes. D'ailleurs, dans les pays froids même, cette morale n'est pas suivie.

Quand l'ancienne partie française d'Haïti aura doublé de population — ce qui, d'après mon calcul, sera d'ici trente ans, à moins d'évènements graves — elle déversera son trop plein de population sur l'ancienne partie espagnole, soit en faisant alliance avec celle-ci, soit en obtenant d'elle indemnité territoriale pour les millions que nous payons pour elle à la France depuis 1848, soit après qu'elles auront formé toutes deux la République fédérale d'Haïti.

Haïti doit être aux Haïtiens!...

Et j'ajoute avec orgueil et confiance : Haïti se fera d'elle-même. *Haïti farà da se.*

*
* *

Contrairement à ce qu'a écrit M. Quesnel (Revue du 4 Février 1882), le débat n'aura pas été stérile. Il s'en est dégagé les vérités suivantes que, pour me résumer, je formule ici, à nouveau, en manière de conclusions :

1° Les Haïtiens ont beaucoup de sympathie pour la France, mais ils disent aussi « Franche Amitié! » à tout étranger, de quelque nation qu'il soit et à quelque race qu'il appartienne, dès que cet étranger aime réellement Haïti.

2° Haïti n'est pas une terre fermée : elle est ouverte à tous ceux qui après s'être *haïtiannisés* par le cœur s'*haïtiannisent* de fait en demandant et en obtenant la naturalisation haïtienne.

3º Toutes les institutions haïtiennes sont très sagement établies pour sauvegarder l'autonomie de la nation.

4º Les Haïtiens font tous leurs efforts pour parvenir à une civilisation, la plus prompte possible, et au peuplement le plus rapide possible de leur pays sans que leur indépendance puisse courir des risques.

5º Cette civilisation sera chose réalisée dans un temps relativement court si on veut le comparer au temps qu'aura mis tel peuple de race soi-disant supérieure pour arriver à l'apogée ou à la maturité de son développement.

6º L'avenir d'Haïti est des plus brillants ; il y a tout lieu d'espérer que le peuple haïtien ne faillira pas à ses destinées, et qu'il saura se montrer digne de lui-même et digne de toute la race noire.

7º L'île d'Haïti est aujourd'hui un champ d'expérimentation sociologique ; la séléction physique, intellectuelle et morale d'une race s'y fait en ce moment avec une sage gradation, une admirable progression ; et les doctrines de l'école philosophique contemporaine — école évolutionniste — vont recevoir pleine confirmation à Quisqueya la *Maravilla*.

8º La jeune nationalité haïtienne mérite à tous égards la sympathie et l'amitié des peuples américo-européens, ses devanciers, ainsi que le respect des voyageurs véridiques ; et l'état social de la république d'Haïti est digne des études mûries, approfondies et impartiales des historiens consciencieux, des observateurs sagaces, des sociologues sérieux et véritables, des vrais philosophes, des vrais savants et des vrais penseurs.

Louis-Joseph JANVIER.

Paris, 6 Février 1882.

Addenda. — Au cours d'une conférence qu'il a faite hier, dans la grande salle de la Sorbonne, M. Ernest Renan a esquissé à grands traits, et avec le talent hors pair qu'on lui connaît, l'histoire de la formation si longue et si difficile de la nation française.

Je sors de la conférence que vient de donner tout à l'heure, à la salle Gerson, le savant continuateur d'Auguste Comte, M. Pierre Lafitte. L'éminent penseur a fait l'éloge, sans restriction, d'un homme de génie qui demeurera l'orgueil d'Haïti et de la race noire : Toussaint-Louverture. M. Pierre Laffitte a rappelé, en des phrases magistrales, les opinions de Blumembach, de Volney, de Faidherbe et de Schœlcher, touchant la race éthiopienne; il a établi avec eux que la civilisation égyptienne, de laquelle procède toutes les civilations occidentales, a été l'œuvre d'un peuple chamitique. Ainsi que l'avait déjà fait Michelet, il a montré, avec une profondeur et une sùreté de vue sans pareilles, quelles étaient les brillantes destinées qui étaient réservées à la race noire.

C'est pour l'allégeance de l'humanité que naissent les Victor Hugo, les Pierre Lafitte, les Renan et les Victor Schœlcher.

Les dires de ces illustres penseurs, de ces philosophes d'élite ont pour but la réconciliation des hommes entre eux. Leur parole est un baume spirituel et moral qui chasse de l'âme toute amertume et toute haine, de même que le remède du médecin calme la douleur physique.

Ce n'est plus qu'un sentiment de pitié dédaigneuse qui me reste au cœur contre les insulteurs de mon pays. Je veux croire que M. Lasselve, pour lequel Haïti a été tant hospitalière, est un écervelé et un ignorant plutôt qu'un méchant; j'aime mieux me figurer que M. Quesnel a agi en étourdi, en incompétent plutôt que comme un homme à préjugés, comme un dénigreur systématique de la race noire.

Il vaut mieux pardonner une injure que d'avoir à s'en souvenir.

Dr Louis-Joseph Janvier,
Lauréat de la Faculté de Paris.

Paris, 12 Mars 1882.

ARTICLE DE M. DEVOST

~~~~~~~~~

HAITI (1).

LETTRE A M. EUGÈNE YUNG,
Directeur de la *Revue politique et littéraire*

Monsieur,

La *Revue politique et littéraire* de samedi
dernier a publié un article sur Haïti. L'article

(1) Cette lettre a paru — sous forme d'article —
dans le numéro de l'*Événement* du 1er Février
dernier. Le signataire en avait retranché quelques
passages qu'il croit utile de rétablir ici.

Dans la discussion que nous soutenons contre
M. Quesnel, le droit et la raison sont de notre côté.
Des adhésions nombreuses — auxquelles nous at-
tachons le plus haut prix — le prouvent surabon-
damment.

Nous adressons nos remerciements les plus sincères à M. Besson, qui nous a spontanément fait à
l'*Événement* l'accueil le plus gracieux et le plus
bienveillant.   J. D.

est signé de M. Léo Quesnel, et fait sur des données fournies par M. Edgard Lasselve, un Français qui a voyagé aux Antilles. Il est aisé de s'apercevoir, à première vue, que M. Quesnel ne connaît pas le pays dont il parle. Son article est semé d'inexactitudes, et, chose plus grave, dénature profondément les traits généraux de notre physionomie nationale. Je n'entreprendrai pas de réfuter, par le menu, toutes les allégations de M. Quesnel. L'espace me manquerait. Je me contenterai, à grandes lignes, de rétablir les faits dans leur vérité historique et sociale.

M. Léo Quesnel se met tout d'abord sur le terrain de l'inégalité des races. Sans tenir compte de la lenteur des évolutions historiques et des idées émises, à ce sujet, par des esprits d'une supériorité incontestable, il croit la race noire frappée d'une incapacité cérébrale qui l'empêchera de s'élever, par ses propres forces, au niveau de la civilisation européenne.

Cette façon fort sommaire de trancher la question est, en vérité, peu sérieuse, et l'on comprendra que je n'insiste pas. J'exprimerai seulement mon regret de voir une pareille théorie se reproduire au sujet de mon pays. Elle serait depuis longtemps enterrée, n'était la très grande difficulté, je dirais l'impossibilité d'instituer, en la matière, une expérimentation réellement scientifique. Des exem-

ples éclatants, irréfutables, prouvent que la
race haïtienne, en dépit de ses détracteurs, a
réalisé, dans l'ordre intellectuel, des progrès
considérables, étonnants même, étant données
les circonstances malheureuses qui ont pesé
sur son existence politique et entravé la marche regulière de sa civilisation. La lutte héroïque de 1803 et les ruines — radicales — qui en
étaient résultées ; la forte et écrasante indemnité de 1825 ; les oscillations de la politique
intérieure, les luttes intestines pour arriver à
asseoir le gouvernement sur une base vraiment démocratique...., telles sont les causes
qui nous ont empêchés de nous développer
avec toute l'aisance et toute la rapidité désirables.

Il résulte, d'ailleurs, de l'histoire de la formation des peuples, que le progrès ne se manifeste que très difficilement chez les nations
jeunes, à l'aurore surtout de leur existence
nationale. C'est une loi nettement mise en re-
lief par Bagehot, et que ne doivent jamais
perdre de vue ceux qui s'occupent de traiter
les questions touchant à l'histoire politique et
sociale des peuples. Les vieilles nations, sous
la poussée des idées du moment, s'avancent
dans la voie du progrès avec toute la force et
la vitesse précédemment acquises. L'effort est
moins pénible et le résultat plus sensible.
Tel n'est malheureusement pas notre cas.
Notre avènement à la liberté ne date que de

soixante-dix-huit ans...! Combien n'a-t-il pas fallu de siècles aux nations européennes pour arriver au développement qu'elles ont atteint aujourd'hui? Ce développement a-t-il été continu et n'a-t-il pas subi comme un temps d'arrêt pendant une grande partie du moyen âge?

Il manque à l'inspirateur de l'article de la *Revue* ce que les philosophes appellent « la puissance d'abstraction. » M. Lasselve a conservé, pour juger les mœurs et les idées de la classe populaire d'Haïti, la notion et la mesure des choses parisiennes. Il n'a pas su faire ce qu'on pourrait appeler, suivant une expression pittoresque, « la mise au point. » D'un pareil procédé de critique sociale, il ne peut résulter que des vues dénuées d'équilibre et de tout cachet scientifique. Certes, il ne saurait être interdit à un voyageur de noter sur son calepin les faits originaux et particuliers qui le frappent à l'étranger ; mais quand un publiciste, venant derrière lui, néglige l'ensemble des phénomènes sociologiques par lesquels se manifeste la vie d'un peuple, pour faire de ces menus faits, d'une portée tout à fait insignifiante, la base exclusive d'une appréciation générale, on a le droit de l'arrêter et de lui crier : halte! au nom de la justice universelle et du respect que tout écrivain doit à la vérité. Il y a bien là, si je ne me trompe, une question de conscience littéraire.

Je me fais violence, Monsieur le Directeur, pour contenir mon indignation prête à éclater. Je suis ennemi de la déclamation et de la sensiblerie. Je pense qu'il faut aimer son pays, comme on aime sa mère, sans phrases et sans apprêt. Mais, en vérité! voilà trop longtemps que nous endurons, sans broncher, sans protester, les attaques de toute nature dirigées contre nous. La plus robuste patience se lasse, à la fin!

Notre dénigreur souligne et nous reproche les scènes sanglantes de notre histoire. Le régime esclavagiste qui pesait sur nous était, à son avis, d'une douceur et d'une modération relatives, en comparaison des évènements qui ont marqué, par la suite, nos annales historiques. Contre cela, je proteste de toute la force de mon énergie. Il faut n'avoir aucune connaissance exacte de l'histoire d'Haïti et vouloir, de parti pris, jeter un voile épais sur les cruautés et les misères qui ont attristé cette terre, de l'époque de sa découverte à celle de son indépendance, pour soutenir une pareille thèse. Je n'insisterai pas sur les traitements cruels, inhumains, féroces, infligés aux pauvres esclaves par les colons, leurs maîtres. Un écrivain de talent et de cœur, dont l'œuvre, à part son mérite littéraire, a été une bonne action, Madame Beecher-Stowe, a fait de toutes ces atrocités une peinture saisissante. La *Case de l'Oncle Tom* a eu

un succès retentissant. Qu'on lise ce livre, et
l'on sentira ce qu'il y a de révoltant dans la
pensée d'un journaliste qui vient parler du
« bon temps de l'esclavage ». N'y a-t-il pas
là une double étroitesse d'esprit et de sentiment, et ne pourrait-on pas, renversant les
rôles, appliquer à notre adversaire le mot de
la comédie:

Nous n'avons pas, Monsieur, le crâne fait de même,

Assurément, je ne nie pas qu'il y ait eu
dans la trame des évènements historiques
d'Haïti, bien des faits regrettables et qu'un
esprit philosophique condamnerait au point
de vue de la morale pure. Mais ces faits, dont
on exagère singulièrement l'importance, ont
jailli, spontanément, fatalement de la série des
évènements précédents, et il n'était pas au pouvoir de personne de les empêcher de se pro-
duire. Aussi bien, quel est le peuple, quelque
pacifique qu'il ait été, et dans le passé et dans
le présent, qui n'a dans son histoire des pages
lugubres, marquées d'un signet rouge? Ah!
je n'aurais qu'à allonger le doigt pour vous
indiquer les taches de sang qui maculent le
livre d'or de la nation française. J'aime mieux
passer.

D'une façon générale, j'estime que les ré-
criminations contre le passé sont toujours
vaines et stériles. L'histoire est un enchaîne-

ment de faits et d'évènements qui s'engendrent les uns les autres, et il est aussi puéril de condamner un fait historique qu'il le serait de maudire la foudre, la pluie ou tout autre phénomènes résultant du jeu des forces naturelles. Ce qui est vrai de la France l'est aussi d'Haïti. Je poursuis donc.

Notre détracteur nous prend à partie à l'occasion de l'article de notre constitution qui refuse à l'étranger le droit de propriété en Haïti. Ici, je suis obligé de le replacer dans la perspective de l'histoire, c'est-à-dire au lendemain de la lutte victorieuse, entreprise pour la revendication de notre droit à la liberté.

N'était-il pas naturel, à ce moment où nous étions encore tout essoufflés, tout épuisés par le gigantesque effort que nous venions de faire, n'était-il pas naturel que notre défiance, — très légitime alors, nul ne le contestera, — se traduisît par une mesure d'exclusion? Et depuis, si l'article n'a pas été rayé de notre constitution, — en supposant qu'il y eût de bonnes raisons pour le faire, — c'est que les réformes... constitutionnelles surtout sont d'un enfantement laborieux, — en Haïti, comme ailleurs. Mais observez la marche des idées sur ce point spécial. L'article était ainsi formulé dans nos premières constitutions : « Aucun *blanc* n'a le droit de propriété en « Haïti..... » Cette formule, tout à fait radi-

cale, refusait du même coup à l'homme de
race européenne et le droit de naturalisation
et celui de propriété. Il fut modifié plus tard
et prit la forme suivante : « Nul, *s'il n'est
haïtien*, etc. », forme qui admettait la possibi-
lité pour l'étranger de se faire naturaliser et,
par voie de conséquence, d'acquérir le droit
de propriété. L'évolution est très marquée,
et on ne la peut nier, sous prétexte que la
seconde rédaction n'est qu'un « euphémisme »
destiné à voiler la rigueur du législateur. Il y
a lieu de constater une fois de plus l'invaria-
bilité et la logique des lois historiques. Cette
même loi, qui se manifeste chez un petit
peuple si injustement insulté, est celle qui
a réglé, sur le même chapitre, tout le mouvement de la législation romaine et du droit
coutumier français.

On a donc mauvaise grâce à nous chicaner
à ce propos.

Puisque M. Quesnel est l'ami de la scolastique, s'il s'était adressé à cette bonne dame
— qui nous ferait aujourd'hui l'effet d'un vieux
parchemin de Pompéi, et dont la place serait
au musée de Cluny, — elle lui aurait peut-
être répondu que Dieu seul a le pouvoir de
modifier l'action des forces sociales comme
des forces naturelles. Nous ne sommes pas
Dieu, malheureusement.

Il est à noter qu'entre temps des débats
très vifs s'étaient produits sur l'article incri-

miné. Le pour et le contre étaient soutenus par des personnalités marquantes avec beaucoup de verve et de chaleur. Tout récemment encore, une polémique s'est ouverte, en Haïti, entre quelques jeunes publicistes, sur le même point.... Pour ma part, je réserve mon opinion. Je n'ai pas à ma disposition les données qui me permettraient de formuler une appréciation consciencieuse. Ce que je puis dire tout de suite, c'est que le souvenir de la domination française et l'ancienne défiance qui animait nos ancêtres se sont complètement dissipés. Actuellement, ce sont des raisons politiques d'un ordre tout différent qui nous engagent à maintenir l'article. Songez, Monsieur le Directeur, qu'il n'y a pas que des Français en face de nous. Il y a des Américains,.... des Allemands. Ces derniers émigrent par milliers chaque année ; ils n'auraient qu'à diriger leurs pas vers notre petit coin de terre !... Voyez-vous d'ici la situation précaire, — pleine de périls et d'inquiétudes, — qui nous serait faite ? L'Allemagne cherche en ce moment des colonies, et la main du chancelier de fer est terriblement lourde !...

Les Américains ! Ils nous auront, a dit notre contempteur. Ce terrible pronostic — fait, il est vrai, à la façon d'un médecin qui condamnerait un malade sans le voir et sans connaître son tempérament particulier — n'explique-t-il cependant pas suffisamment nos

craintes à l'égard de cette nation envahis-
sante, toujours en proie à une activité fié-
vreuse ?

Avec une cruauté impitoyable, on nous fixe
une échéance fatale !

Tout au fond de moi, quelque chose me dit
que la science de notre médecin Tant-Pis est
en défaut. Il en sera quitte pour faire la gri-
mace le jour où, venant constater le décès du
condamné, il le trouvera gaillard, respirant à
pleins poumons l'air sain et vivifiant de la
liberté.

J'aborde un dernier point. Le rédacteur de
la *Revue* nous reproche de ne pas aimer la
France. C'est son trait final : *in cauda vene-
num*. Pour réfuter cela, je n'ai qu'à rappeler
mes souvenirs et à laisser parler mon cœur ;
et ce que je vais dire sera l'expression exacte
des sentiments de tous les Haïtiens.

Haïti aime la France. Celle-ci, après avoir
été sa marâtre, est devenue sa mère : c'est elle
qui, indirectement, a dirigé nos premiers pas
dans notre marche ascendante vers la civilisation.

Nos institutions politiques, notre législation, notre organisation administrative, nos
mœurs, nos habitudes sociales, notre langue
officielle même sont empruntées à la France,
Elle a été notre éducatrice. Nous avons sucé à
sa mamelle le lait de la science, de la littérature, et aussi les principes libéraux et philo-

sophiques dont s'inspire notre jeune démocratie. C'est elle qui pourvoit à notre alimentation intellectuelle, et les Français qui nous connaissent de près peuvent attester que nous n'avons jamais perdu une occasion de proclamer hautement notre attachement et notre affection pour elle. Pas un de nos poètes qui n'ait traduit ce sentiment dans ses œuvres et payé un tribut d'admiration au grand génie qui est la personnification la plus haute et la plus pure de la littérature française au dix-neuvième siècle : Victor Hugo !... En Février 1881, nous tous Haïtiens, étudiants, rentiers. commerçants, vivant à Paris, nous avons défilé devant sa fenêtre, lui envoyant, du fond de l'âme, un salut ému et respectueux... Il nous semblait saluer la France.

En ce moment même, il s'organise en Haïti une souscription en faveur de la statue qui devra immortaliser ses traits, comme ses œuvres immortalisent son génie. Il ne se rencontrera pas un Haïtien qui ne tienne à honneur de donner son obole pour cette grande œuvre de reconnaissance, non pas patriotique, mais universelle.

Tenez, voici un autre souvenir. En 1825, quand arriva en Haïti l'édit de Charles X qui ratifiait définitivement notre indépendance, une voix s'éleva : c'était celle d'un de nos poètes, Jean-Baptiste Romane. L'ode qu'il venait de composer, et qu'il chantait, était belle.

Un grand souffle d'amour et de patriotisme y circulait. Elle eut un immense retentissement. Le poète célébrait l'union d'Haïti avec la France, et le vers qui revenait à la fin de chaque strophe, était celui-ci :

Vive Haïti ! vive la France !

Ce cri eut de l'écho dans toutes les poitrines haïtiennes.

Plus tard, en 1870, — date funeste, — nous accompagnions de nos vœux et de nos sympathies l'armée française, prise entre son petit nombre, sa faiblesse et la stratégie savante des cohortes allemandes. J'étais enfant alors. Je me rappelle, — comme si c'était d'hier, — l'anxiété poignante avec laquelle nous attendions les nouvelles de la guerre, que nous communiquait notre directeur, presque un Français. Il nous paraissait impossible que la glorieuse France — que nos connaissances historiques, aidées de nos sentiments personnels, nous représentaient toujours victorieuse sur les champs de bataille, — pût être vaincue et dépouillée. Le jour de la défaite nous trouva tristes et comme humiliés.

Le vers de notre poète reparut alors sur nos lèvres dans un murmure douloureux, car notre amour n'avait pas changé.

A l'heure actuelle, Monsieur, bien des Haïtiens suivent, — avec une pointe d'inquiétude, j'en suis certain, — les agitations de la politique française, espérant que la grande République se maintiendra quand même pour réaliser l'œuvre de démocratisation européenne qu'elle est appelée à accomplir.

Et, — voyez la force de notre sympathie, — il me semble voir poindre déjà, à travers les brumes de l'avenir, le jour où il nous sera donné de nous écrier de nouveau, — comme en 1870, — mais sous l'empire d'une toute autre émotion :

Vive Haïti ! Vive la France !...

Veuillez agréer, Monsieur le Directeur, l'assurance de ma considération la plus distinguée.

Justin DÉVOST.

Etudiant en droit,

3, rue des Mathurins.

Paris le 25 Janvier 1882.

RÉPLIQUE DE M. DEVOST

~~~~~~~

UN ÉCHAPPEMENT

POST-SCRIPTUM.

Voici un procédé, assez simple, que j'ai vu employer par les enfants pour lancer une pierre. La pierre est fixée à l'extrémité d'une ficelle retenue à la main par l'autre bout. Le mioche imprime à cette espèce de fronde un mouvement de rotation très rapide, en ayant soin de lâcher — au bon moment. La pierre est lancée dans l'espace, traînant après elle, à la façon d'une comète, sa queue de ficelle. Elle s'échappe par la tangente, disent les mathématiciens.

Eh bien! Monsieur Léo Quesnel vient de faire absolument la même chose pour sortir du cercle de la discussion que nous soutenons contre lui. Il s'est échappé par la tangente!

Il a fait publier, dans le numéro de la *Revue*

politique et littéraire du 4 Février, une petite
note courtoise en la forme, mais pleine de ré-
ticences au fond, où il essaye de nous persua-
der que la pilule qu'il avait voulu nous faire
avaler était le bonbon le plus inoffensif et le
plus agréable du monde.

Ah bien! vrai! comme dit le gavroche de
Paris, votre enveloppe dorée vient trop tard,
ô charitable Diafoirus. L'amertume de la chose
nous avait déjà trop désagréablement affecté
le palais. L'impression nous reste.

Adonc, M. Quesnel, sentant parler en lui
« la voix du sang » (cette voix du sang qui
fait la joie des chroniqueurs sceptiques et
railleurs), a éprouvé le besoin de nous ouvrir
dans l'avenir « d'agréables perspectives. »

Sa sollicitude paternelle (1) lui a dicté, à
notre endroit, des déclarations empreintes de
la plus affectueuse sympathie. O puissance de
la consanguinité ! Oyez plutôt :

« *La race noire est incapable de se dévelop-*
« *per intellectuellement !*

« *M. Lasselve est le seul européen qui, par*
« *grâce d'état, ait pu prendre les nègres au sé-*
« *rieux !*

« *Haïti est en* jachère *au point de vue social,*
« *commercial, industriel et agricole et amais*

(1) M. Quesnel a écrit cette phrase : « .... Les
Français ont été de tout temps..... fusionhistes, et
plus qu'ils ne le croient, les Haïtiens sont nos enfants. »

« les nègres n'en feront rien. » (Simples ca-
resses destinées à nous agréablement cha-
touiller l'amour-propre.)

*Les Etats-Unis étendront leur influence sur
notre Ile.* (« Agréable » prédiction, propre à
nous faire courir dans le dos un petit frisson
de bien-être !)

En vérité ! Monsieur, vous êtes un prophète
d'une facture toute spéciale et vous damez le
pion — ne rougissez pas — à tous les vatici-
nateurs de l'antiquité et surtout à ce facétieux
— prophète de contrebande — qui s'était avisé
de prédire la fin du monde pour 1881. Tout
cela est du menu fretin, à côté de vous.....
Vous les dépassez de cent coudées !...

Tenez, vous nous aimez, avez-vous dit.
J'enregistre complaisamment, suivant votre
si gracieuse méthode, cet aveu « bien doux à
notre cœur ». Et — admirez mon sans-façon —
mettant tout de suite à contribution la dose
d'affection que vous cachez en un coin de votre âme pour les habitants des anciennes
colonies françaises « sans distinction de la-
titudes ni de races », je vous prie de me li-
vrer le secret de votre manière on ne peut
plus aimable de manifester aux gens votre attachement.

J'ai, parmi mes examinateurs, quelques
vieux rébarbatifs dans les papiers desquels
je ne serais pas fâché de me mettre. Je leur
ferai, suivant votre recette, quelque petite

prédiction bien gentille (je leur ouvrirai, par exemple, « l'agréable perspective » d'être moissonnés, à bref délai, par la terrible faucheuse que Malherbe peint en couleurs si sombres); n'ayez doute qu'ils ne m'octroient, avec une touchante unanimité, trois boules blanches, à mon premier examen. Je vous devrai cela, Monsieur, et vous n'ignorez sans doute pas ce mot que j'ai relevé dans Méry : La reconnaissance est une vertu noire.

*
* *

M. Quesnel trouve tout naturel que nous admirions M. Victor Hugo. Soit! Devant ce génie surhumain, l'admiration s'empare irrésistiblement de vous. Encore faut-il. ô trop oublieux M. Quesnel, que l'on n'ait pas la haine invétérée du *blanc* (1).

D'ailleurs, je connais des gens qui résistent à tout entrainement de ce côté et qui, par pur esprit d'opposition, ne se feraient aucun scrupule de proclamer l'incompréhensible Wagner un plus grand homme que Hugo. Inutile d'insister, n'est-ce pas. Vous savez de qui je veux parler.

Vous-même, Monsieur, votre *M* placé devant le nom du poète ne semble-t-il pas donner

---

(1) M. Quesnel a reproché aux Haitiens qui viennent à Paris de s'en retourner chez eux avec la haine du *blanc*.

un démenti au vers admirable de Théodore de Banville :

Poète entre vivant dans l'immortalité ?

Ah! voilà... Théodore de Banville n'avait pas prévu l'excessive politesse de M. Léo Quesnel.

**

De tout le débat, stérile (?) selon lui, M. Quesnel ne *veut* retenir que l'assurance de notre amour pour la France.

Dieu me garde de reprocher à notre adversaire ce procédé légèrement... égoïste. M'est avis, néanmoins, qu'il a dû avoir, à ce propos, un rapide colloque avec sa conscience, comme dirait Chapron. En homme avisé et qui ne plaisante pas sur le chapitre de l'amour-propre, il a tout de suite imposé silence, — sans barguigner, — à cette importune qui murmurait à son oreille je ne sais quels mots de... justice... de droit des faibles..., de respect de la vérité,.., etc., etc. D'autres, plus naïfs, n'eussent pas manqué d'accorder une certaine importance à toutes ces balivernes. M. Quesnel, lui, enveloppé dans sa sereine impassibilité, s'en est soucié comme d'une guigne !

Me permettra-t-il cependant d'insinuer discrètement qu'il aurait pu — ce point du débat important seul à ses yeux — ne pas négliger,

comme il l'a fait, les faits rapportés à l'appui de nos protestations d'amitié. Je les résume brièvement :

1. — L'explosion de sympathies qui eut lieu en Haiti à l'adresse de la France pendant la guerre de 1870-71.

2. — La part prise par quelques-uns de nos compatriotes à cette guerre, dans les rangs de l'armée et dans les ambulances françaises.

L'affaire du capitaine Batch (1) (Traits cités par le Dr Louis-Joseph Janvier, mon ami).

3. — Le dévouement d'un de nos médecins qui soigna tout un équipage français atteint de la fièvre jaune et ne voulut, en retour, accepter aucune rémunération pécuniaire du Gouvernement français. De quoi il fut récompensé par la croix de la Légion d'Honneur (Voir les notes de M. Arthur Bowler).

. . . .

. . . .

M. Quesnel, ai-je dit, laisse tous ces faits de côté pour s'attacher à la seule manifestation faite, en Février 1881, par les étudiants haïtiens de Paris, en faveur de Victor Hugo (2), donnant, par ainsi, à nos sympathies un ca-

---

(1) Nous devons ajouter qu'après une campagne diplomatique entreprise par notre ministre plénipotentiaire, le Gouvernement allemand rendit justice au gouvernement haïtien.

(2) Voici ce qu'il dit :

« De ce petit débat stérile, nous ne retenons

ractère restreint et purement littéraire. Singulière façon de se dérober... on en conviendra. Toujours la tangente !...

*
* *

M. Quesnel, qui ne me fait précisément pas l'effet de vivre dans l'intimité de Darwin et des écrivains de l'école transformiste, semble quelque peu s'embrouiller dans la question de sélection. Pressé de mettre un point à cette longue discussion, je prends la liberté de le renvoyer à l'article du Dr Janvier. Je n'ajoute que peu de mots :

L'idée de sélection ne nous répugne nullement. Les unions entre Haïtiens et Européens sont très fréquentes. Et si notre adversaire avait puisé ses renseignements à une source sérieuse, il saurait que Haïti est loin d'être une terre fermée. Il y vient beaucoup d'étrangers. L'accueil le plus hospitalier leur est fait. Ils s'engagent généralement dans les affaires commerciales où ils parviennent, presque toujours, à dorer leur dénûment initial. Ils s'ingèrent même souvent de choses qui ne

qu'un mot : c'est l'assurance que les Haïtiens nous aiment...

« Nous n'en verrions peut-être pas, comme eux, une preuve convaincante dans l'admiration que les étudiants *haïtiens* de Paris ont témoignée à M. Victor Hugo, car on admire un grand poète d'où qu'il vienne..... »

les regardent pas. De tout cela nous ne nous plaignons guère. Nous avons, à leur égard, l'aimable... tolérance du bonhomme Orgon. Mais, qu'on le sache bien, nous entendons, comme le charbonnier, être maître chez nous et nul ne doit nous blâmer de prendre nos précautions pour qu'on ne nous vienne pas crier demain :

« La maison est à nous, c'est à vous d'en sortir ! »

Justin DÉVOST.

5 Février 1882.

ARTICLE DE M. J. AUGUSTE

~~~~~~

UNE PROTESTATION NÉCESSAIRE

Les sympathies françaises pour les noirs sont universellement connues.

Nous savons que nous pouvons compter sur elles. Qui n'a applaudi en effet le décret de 1848? Il a valu à Schœlcher, en même temps que l'admiration du monde entier, la reconnaissance éternelle d'une race que l'honorable sénateur a fait remettre à une place qu'indiquait l'humanité. Le grand philanthrope la savait bonne, intelligente et digne comme tout autre d'attention et d'estime. Ce simple acte de justice l'a immortalisé.

Cette race a peuplé un pays sur lequel Schœlcher a écrit des pages sublimes, nobles comme son cœur. Fût-elle tombée dans l'avilissement le plus complet que le souffle ému et puissant de l'illustre philosophe-historien l'eût ranimée, relevée.

Ce pays dont nous voulons parler, c'est Haïti.

Une Revue hebdomadaire vient de publier un article que nous croirions volontiers méchant, si nous n'avions la persuasion que l'ignorance profonde de l'auteur du sujet qu'il a traité est seule la cause regrettable des erreurs qu'il a commises. Il n'y a plus de malveillance où se trouvent tant d'inepties.

S'appuyant sur les assertions d'un M. Lasselve, qui, étant tout au plus bachelier, s'est donné comme professeur de théologie au lycée de Port-au-Prince, chaire qui n'existe pas plus en Haïti que dans aucun lycée de France, M. Quesnel croit être Gaulois, et par suite spirituel, en rabaissant à plaisir le premier peuple noir qui s'est fait et constitué seul, au prix de nombreux sacrifices, et qui cherche encore sa voie au milieu de difficultés multiples. Ce peuple n'a pas quatre-vingts ans d'existence! Peut-on lui reprocher ses hésitations, ses faiblesses fatales à tout début? L'Europe civilisée n'a-t-elle pas eu de ces moments de recul autrement étranges dans un continent dont l'histoire remonte à vingt siècles!

Que notre cher et illustre maître ne lise pas l'article de M. Quesnel, car son cœur en saignerait. Pour nous autres, jeunes Haïtiens qui aimons la France, notre profonde douleur n'a eu d'égale que notre indignation. Eh quoi!

M. Quesnel prétend que nous n'aimons pas cette terre généreuse à laquelle nous venons demander ses lumières, sa science, ses façons aimables et polies !

Oh ! C'est un blasphème.

Lorsque plus tard, ayant en mains les destinées de notre patrie, la génération nouvelle d'Haïti, alors instruite, expérimentée, travaillera à l'œuvre de régénération sociale qu'elle a pour devoir de poursuivre, combien sera grande notre reconnaissance pour cette chère France qui nous a aidés à atteindre notre but.

En outre, grâce à nos aînés qui déjà ont répandu en Haïti les principes sagement inspirés par une éducation puisée aux grandes écoles de la France, nous trouverons dans ceux qui n'ont jamais quitté la terre natale des collègues éclairés qui, à l'amour de la France dont les livres remplissent nos villes, joignent des lumières, une connaissance pratique du pays et un patriotisme qui feront de nous tous une phalange forte et unie recherchant toujours l'estime et l'approbation de la patrie de Voltaire et d'Hugo.

Des milliers de Français, nos amis, entendent ces déclarations et savent ce qu'elles ont de sincère.

Et voilà que, sans aucun contrôle, la *Revue politique et littéraire* accepte un travail fantaisiste qui peut fausser l'esprit de lecteurs graves et avides de nouveautés scientifiques

par suite exactes. Ce n'est vraiment pas ainsi
que l'on raconte l'histoire.

Et c'est d'après M. Lasselve qu'écrit
M. Quesnel !... Il était facile d'aller à une
meilleure source de renseignements.

Le pauvre personnage qui a écrit sur Haïti
n'a pas été plus heureux dans son ouvrage
que dans ses conférences à la salle des Capucines (1). On ne sait s'il faut s'en indigner ou
rire.

Les réponses à l'article de M. Quesnel ne
se sont pas fait attendre. — Divers journaux
de la presse républicaine ont fait l'honneur à
nos amis d'accueillir leurs protestations.

L'impartialité de l'honorable M. Yung, directeur de la *Revue*, nous fait même supposer
qu'il ne tardera pas plus longtemps la publication des notes qui lui ont été communi-
quées (2).

Ces explications permettront sans doute à
M. Quesnel de revenir sur les fausses idées
qui lui ont été si malheureusement suggé-
rées. Il regrettera, nous l'espérons, son écrit
dont la forme passionnée est si gratuitement
désobligeante pour des hommes dont on ne

(1) On trouvera dans le prochain volume de
M. Jules Auguste « les Antilles ». Etudes historiques, géographiques et littéraires, au 3e chapitre,
le récit de cette triste conférence.

(2) Cet espoir dura peu : on l'a d'ailleurs appris
par l'article précédent.

saurait nier le caractère généreux et hospitalier. M. Lasselve en sait quelque chose.

Peut-être M. Quesnel voudra-t-il même reconnaître qu'il a fait fausse route.

Un honnête homme ne peut refuser de revenir sur un entraînement irréfléchi, ni rougir d'avouer qu'on a surpris sa bonne foi (1).

Jules AUGUSTE.

(1) Cet article a paru dans la *Justice* du 31 Janvier 1882. Je remercie vivement M. le Directeur de la *Justice* d'avoir bien voulu nous ouvrir les colonnes dé son journal pour la défense d'une question de principe. Nous n'attendions pas moins d'un organe qui s'occupe des vrais intérêts de la démocratie.   J. A.

ÉTUDE DE M. J. AUGUSTE

~~~~~~~

SCIENCE ET CONSCIENCE

OU

JUSTICE ET IMPARTIALITÉ HISTORIQUE

Cet animal n'est pas méchant ;
Quand on l'attaque il se défend.

. . . .

La raison d'être de tout ce travail est maintenant connue ; elle se trouve dans ces deux
vers du moraliste à la fois naïf et profond.

La Fontaine connaissait trop les hommes,
pour ne pas savoir qu'on lui marchanderait la
popularité, s'il n'illusionnait quelque peu ses
semblables en les mettant discrètement en
scène : il fit, en notre place, parler les bêtes
auxquelles il prêta, pour cause peut-être, —
d'aucuns disent que ce fut malice, — encore
moins de petitesses et de ridicules qu'à nous-

7

mêmes. Que de générations ont payé pour le bonhomme un véritable bail indéfini à l'immortalité, en donnant la preuve patente et infatigable de ses proverbes et sentences !

Et, franchement, pour en revenir aux deux vers cités plus haut, devant leur application si fréquente n'est-il pas juste de dire que ces sortes d'assaillants, auraient-ils figures d'hommes, doivent être aussi suspects de franche attaque et par suite aussi tenus à distance et *responsables* de la même façon que s'ils s'appelaient serpent, loup, vautour, même lion et surtout Métis ou Gripeminaud.

Observation nécessaire. — Le loup connaissait l'agneau autant qu'un certain M. Léo Quesnel, de Paris ou d'ailleurs, connaissait l'Haïtien: mais tous les agneaux ne se laissent pas dévorer, surtout quand le loup est bien vidé, et qu'il n'a vraiment que l'apparence et son nom de loup.

Un article malheureux de la « *Revue politique et littéraire* » fut l'attaque, et les réponses immédiates, d'un caractère historique et social tout à fait opportun, constituèrent la défense.

La publication d'une étude, « Haïti d'après M. Edgard Lasselve », signée Léo Quesnel, avait en effet singulièrement indigné et étonné les Haïtiens, à Paris. Ce travail indigeste, abondant en inexactitudes, mais que l'éducation supposée de M. Quesnel nous a toujours empêchés de prendre pour une injure ou une provocante méchanceté, méritait d'être relevé pour des raisons principales : Primo..., il prétendait que les Haïtiens, en général, n'aimaient pas les Français, que ceux qui étaient élevés à Paris s'en retournaieut avec la haine du blanc ; ensuite il était semé d'erreurs si graves que c'eût été une honte infligée aux lecteurs sérieux de cette Revue que de laisser plus longtemps leur bonne foi surprise et ainsi jouée. D'abord, chose impardonnable pour un publiciste, M. Quesnel écrivait en paraissant être dans l'ignorance la plus complète d'Haïti et de son histoire.

N'ayant pour juger un peuple jeune et éloigné ni les connaissances historiques et la profondeur philosophique nécessaires et surtout aucune notion scientifique exacte, que ne saisissait-il alors l'occasion charitable

D'imiter de Conrart le silence prudent,

au lieu de se laisser aller, lui, un homme susceptible d'une bonne réputation, à une fantaisie pareille qu'il rendit plus malheureuse encore, en y faisant de l'esprit? Notre dénigreur voulait, en parlant de son livre, rendre service à un pauvre M. Lasselve que des insuccès répétés, et sans solution de continuité depuis Haïti jusqu'à Paris, insuccès,

par bonheur pour lui, oubliés déjà, ont forcé
à se retirer en province, on ne sait trop où.

— M. Quesnel saura-t-il nous répondre à
quel titre la complaisance prône maintenant
l'injustice et le mensonge?

De jeunes Haïtiens prirent aussitôt la plume
pour répondre. M. Yung, directeur de la Revue en cause, reçut plusieurs lettres et articles dont nous avons en vain cherché au moins
quelques extraits dans son journal. Cela ne
ressemble-t-il pas assez à un défi lancé au
droit naturel dont la sanction, toute morale,
existe dans la conscience du critique impartial et de tous les honnêtes gens pour protéger certains principes et punir certaines vile-
nies? Mais de nombreux journaux accueillirent
chaleureusement les protestations haïtiennes
qui, réunies dans ce volume, forment une
œuvre non seulement nationale, les Haïtiens défendant leur nation, mais aussi une
œuvre humanitaire et sociale. En effet, l'é-
galité des races, la liberté des faibles res-
pectée, la fraternité et l'égalité des peuples
autonomes sont des causes qui vont droit
au cœur et à l'esprit de toute créature pen-
sante. Comment la Revue politique et littéraire
a-t-elle pu les méconnaître?...

*
* *

Sous ce titre « les Haïtiens à Paris » M.
Quesnel n'a pu faire autrement que de répon-

dre dans la Revue du samedi 4 Février. Ces
quelques lignes qu'il a signées tournent à sa
plus grande confusion. Notre ami suspect en·
tre dans une nouvelle question, s'écartant
tout à fait de la première, où il sent désormais
son incompétence radicale. Vraiment bénigne
est la note sur laquelle notre converti bégaie
sa contradiction : « ... *Qu'avons-nous dit en ef-*
« *fet? Que la race africaine, livrée à elle-même,*
« *tournait dans un cercle vicieux, et qu'elle ne*
« *s'élèverait que par le contact et la fusion avec*
« *la race blanche: fusion d'idées, fusion de cœur,*
« *fusion de sang... En vérité nous avons pensé,*
« *en parlant ainsi, lui montrer dans l'avenir des*
« *perspectives agréables...*—(Comment, M. Quesnel, nous vous intéressons, à ce point ! Trop
bon, M. Quesnel, trop bon !) — *Les Français*
ont été de tous temps fusionnistes... (hum ! très
spirituel M. Quesnel, mais un peu léger !)... *et,*
plus qu'ils ne le croient les Haïtiens sont nos
enfants. — (Mais, cher père, vous nous avez
honteusement reniés dans votre première
étude !) *Des hommes dont le langage témoigne*
de fortes convictions darwiniennes se révoltent à
l'idée de sélection par absorption.... etc...»

L'embarras de M. Quesnel fait mal à lire.
Qui donc prend-il pour niais ? Il vient nous
parler de sélection par absorption alors qu'il
s'agissait dans son article d'absorption de nationalité; à peine avait-il dit quelques mots
sur la fusion des races. Le sens du mot ab-

sorption n'est d'ailleurs pas très clair chez notre auteur. Sa scolastique patauge donc à côté
de la question de sélection, et il s'en tire à la
trentième ligne en accordant des éloges et
une admiration bien tardive dont aucun Haïtien n'a que faire. Nous sommes des jeunes
gens qui, pensant à l'avenir, travaillons ferme:
rien de plus.

M. Quesnel, ai-je dit, n'avait guère touché
la question de fusion de races.

Pourtant la vérité me force à déclarer que,
après la lecture des articles de MM. Janvier
et Dévost, notre critique paraissant poursuivre
une idée et une conviction faiblement présen-
tées dans son premier travail, s'empresse de
demander à nos amis : « S'ils sont sûrs de n'a-
voir pas quelques gouttes de sang blanc dans
les veines...» La réponse est aisée : Noirs ou
jaunes, nous en avons tous, plus ou moins,
mais tous nous en avons. D'ailleurs peut-on
dire que M. Quesnel ne s'en doute pas, après
cette insinuation charmante qui nous a fait
sourire : les Français ont *toujours* été fusionnistes; — de plus il a séjourné déjà dans les
Antilles espagnoles. Certes depuis Colbert,
qui songea à s'occuper sérieusement de Saint-
Domingue et des colonies françaises en général,
les Français pouvaient être fusionnistes, comme
de fait ils surent prouver chez nous qu'ils l'é-
taient. Personne ne s'en est jamais plaint.

Eh, bien! cette constatation de la fusion

a-t-elle empêché M. Quesnel de nous maltraiter? — Non. — Je ne comprends pas alors qu'il ait voulu s'en prévaloir. Oui, nous avons du sang blanc dans les veines ; oui, il y a eu déjà fusion incontestable, et c'est une des causes de notre sympathie profonde pour la France.

Et puisque M. Quesnel, qui voulait le savoir, qui a déclaré cette fusion indispensable à notre développement, nous reproche, *ipsius contradictor*, notre infériorité et l'absence de tout progrès, en attendant un nouveau remède qu'il est désormais tenu de nous indiquer, nous devons le remercier aujourd'hui de nous avoir donné l'occasion de montrer, si faibles qu'aient été nos essais de réfutation, ce que peuvent ces pauvres nègres d'Haïti dont il a parlé avec la désinvolture et la morgue d'un esprit plus que léger. Le voilà dès lors, après la lecture de ce volume, renseigné sur notre amour sincère pour la France, notre caractère, et les débuts de notre histoire. Il pourra seul maintenant en étudier la suite.

*
* *

Après la voie des journaux, nous avons choisi avec un volume le plus grand moyen de publicité, car il s'agit d'une véritable leçon de justice et d'impartialité historique. Qu'on essaie enfin de donner un lien ou une raison d'être aux raisonnements du publiciste, et l'on verra qu'il s'en dégage uniquement

cette pensée qui, pour un peu plus de clarté,
lui laisserait sa marche infamante: le regret
du « bon temps de l'esclavage ». Aussi bien
doit-il voir que nul ne fut dupe de ce que
nous appellerions son demi-tour à gauche.'

Puisqu'il n'osait, comme nous l'espérions,
après la lettre publiée dans la *Justice* du 31
Janvier, regretter son écrit, sans croire s'a-
baisser en reconnaissant que sa bonne foi fut
surprise, l'admirateur de M, Lasselve eût
mieux fait de nous répondre par une réfutation dont une plume de sa force doit posséder
le secret : la sophistique le lui donne, je suppose, aisément. Certes on aime bien voir, même
en le déplorant, un auteur défendre ses idées,
fussent-elles encore plus tristes et plus arrié-
rées que celles de notre père dénaturé; mais
un renom peu enviable s'attache à celui qui se
dérobe à une défense provoquée, méconnaît
ou ne suit plus sa propre pensée. N'existe-
t-il pas entre l'auteur et le public une convention tacite qui a pour base la conscience de
l'un et la confiance de l'autre. Alors, M. l'é-
crivain, soutenez jusqu'au bout votre opinion,
et tâchez de rester digne et convaincu même
dans vos erreurs, si vous ne les rejetez. Or,
en présence de cette hésitation inattendue, de
cette échappatoire d'un écrivain mis en de-
meure de se prononcer loyalement dans un
débat sérieux et délicat, quelle conclusion
inévitable, découlant d'une logique sévère, de-

vra-t-on tirer? C'est que M. Quesnel, comme
beaucoup d'autres suspects, a sa place parmi
les semi-universels dont il faut une bonne fois
faire raison. Ces sortes d'empileurs d'études
indigestes et variées sont de fameux acrobates.
A l'affût de questions qu'ils tranchent sans les
approfondir, d'auteurs et de livres qu'ils criti-
quent sans les lire, ils ont pénétré partout, et
n'ignorent rien ; parlant de tout ils veulent
aussi qu'on le sache. Le bonheur, le vrai bonheur, récompense de cette rage d'être vus
comblant les moindres coins, naîtra pour eux
le jour où cette exclamation chatouillera leurs
oreilles : «Cet homme a un *talent d'assimila-
tion* extraordinaire ! »

Voyez ce cabinet de travail laborieusement
encombré de paperasses, notes, et journaux
de toutes sortes ; les livres nouveaux, coupés
toutes les vingt pages, sont déjà analysés ou
attendent la critique : — les chaises, pliant
sous le poids d'énormes dictionnaires, entou-
rent le compilateur. Que se prépare-t-il à
nous servir? Hier il vous a dépeint les haras
de l'Arcadie ; aujourd'hui vous avalerez une
grave étude, avec croquis de l'auteur, sur la
numismatique ; et comme les Etrusques, qui
y excellaient, avaient de très belles institutions, notre érudit vous trouvera pour demain.
par opposition, un peuple américain ou africain qui aujourd'hui seulement, trois mille
ans après les Etrusques, commence à en avoir

7

et de très mauvaises. O prodige d'assimila-
tion, que me donnerez vous pour une matinée
innoccupée de dimanche? — Une étude du ro-
mantisme à Rome sous Marc-Aurèle ou une
statistique sur la production du café à Cey-
lan et le commerce dans l'Inde Britannique?

Soit encore une critique de l'école hollan-
daise et de Rembrandt avec pillage et dédain
de l'œuvre de Charles Blanc, un éloge complet
de Wagner, ou un commentaire des contri-
butions directes sous Lycurgue. O talent d'as-
similation, encyclopédie nouvelle, édition avec
supplément, vous émerveillez, vous étonnez
comme le gymnasiarque souple et hardi, mais
dont on n'enviera jamais la dislocation et les
étranges contorsions !

Or de même que certains tours jolis, les
plus simples en apparence, demandent à l'a-
crobate plus d'exercices et de fatigues, de
mêmes certains sujets intéressants, cavaliè-
rement discutés du vulgaire, exigent du publiciste plus de recherches approfondies.
Aussi, pour que les idées de M. Quesnel prennent sur toutes ces questions d'anthropologie,
de transformisme, d'ethnologie et de fusion de
races plus de valeur et plus de suites, nous
devrions bien examiner avec lui, en le priant
toutefois de les consulter ensuite, les auteurs
éminents auxquels sont dues les données les
plus précises sur la matière : Broca, Herbert-
Spencer, Bagehot, de Quatrefages, etc...

Etudier avec soin ces auteurs, comparer et
suivre leurs systèmes, c'est faire un travail
aussi intéressant qu'utile. Que de vues nouvelles et superbes ouvertes à l'intelligence
qu'elles éveillent et fortifient! Le cœur devant ces grandioses et émouvants problèmes
s'élève autant que l'esprit, et, sans remonter
aux premiers novateurs, Agassiz, Nott, Glid-
don et Lamarck dont le système entraîna
Gœthe que la science charmait comme la poé-
sie, nous affirmerons une grande confiance et
une véritable espérance dans les idées que
les savants plus haut cités répandent et con-
firment chaque jour avec un zèle et une conviction dignes de leurs laborieuses recherches et
de leurs réflexions appr_fondies, que facilite
une lumineuse érudition. Arrivons à Darwin,
que le contempteur indécis de la race noire ne
paraît point goûter, quoique sa théorie présente le plus de vraisemblance. Aucune n'est
d'ailleurs plus scientifique. Pour expliquer les
faits, Darwin appelle à son aide les lois régu-
lières. Que répondre à ce dangereux révolu-
tionnaire? L'avenir doit être à ces naturalistes
doublés de philosophes ; et, pour prévoir ainsi,
nous n'avons qu'à considérer les progrès de
toutes sortes que notre siècle accomplit sur
les préjugés devenus une véritable torture
pour les esprits faibles qui en sentent la force
comme le ridicule.

M. Quesnel, qui semble tant s'intéresser à

nous depuis le 4 Février, lira sans doute avec
étonnement, mais non sans plaisir, les explications que chacun, suivant ses faibles moyens,
lui apporte dans ce volume pour l'engager à
rejeter les contes de M. Lasselve et à n'en
pas tirer des conclusions qui ne peuvent que
beaucoup nuire à un homme dit « de jugement » ou même « d'esprit ». M. Quesnel voudra-t-il voir qu'à notre tour nous nous intéressons à lui ? Arrêtons-nous donc dans des
détails qui feraient double emploi : nous ne
voulons pas être accusés de pédantisme d'a-
bord et charger nôtre sujet de citations et de
renseignements d'une sociologie reculée et peut-
être fastidieuse. Cet étalage de science est dé-
plaisant; et puis finalement je n'étudie que
pour moi, et ce n'est pas à un pauvre jeune
homme haïtien, n'est-ce pas, M. Quesnel, à
refaire l'éducation de personne,

A chacun son opinion comme ses œuvres :
un écrivain, même de la Revue politique et
littéraire, est libre de pratiquer encore la scolastique. Mais, je ne puis résister à l'envie de
rappeler la réflexion d'un vieil étudiant de
trente-neuf ans dans une petite pièce de Gustave Nadaud : « Sais-tu à quoi nous ressem-
blons ? dit-il à son compagnon, qui regrette
comme lui le vieux Quartier Latin. — Non.
— Eh bien... à une diligence remisée sous
une gare de chemin de fer ! » Ma foi, aujour-
d'hui, en plein dix-neuvième siècle, la scolas-

tique devant la science moderne nous fait assez aimer et apprécier cette comparaison d'une
justesse désespérante. Il est presque général,
je crois, de penser qu'on ne trouvera plus la
pierre philosophale, libre toutefois à quelques-
uns d'espérer toujours et de paraître s'attacher encore à cette estampille dénudée, fêlée du
«Magister dixit». La seule autorité pour nous
est la notion exacte des faits basée sur l'expérimentation scientifique et la conséquence
des lois naturelles invariables.

*
* *

Revenons une dernière fois sur cette incapacité cérébrale qui nous empêchera de rien
faire par nous-mêmes. Voici en quelques mots
la théorie que pose en principe notre observateur profond et sagace. Je résume et cite presque textuellement le grand *philanthrope*, le
sociologue-humaniste qui eut pour aide-pré-
parateur le voyageur éminent Lasselve. « *Le
nègre est radicalement incapable d'élévation
quelconque. Son infériorité native se révèle vite.
... Le cerveau s'est à peine élargi. Il hait le
blanc* (sans doute par dépit de ne pouvoir atteindre à l'élévation du cœur et de l'esprit de
ce blanc dont M. Lasselve fut le type en
Haïti et M. Quesnel à Paris). *L'inégalité des
races n'a pas besoin d'être confirmée devant
l'inanité des efforts des noirs pour constituer
une société...*» — Vous trouverez juste que je

rétablisse bien vite le contraire ; car franchement, M. Quesnel, on n'écrit pas ainsi l'histoire, même d'après M. Lasselve. Que de gens
vont s'imaginer qu'en Haïti on porte un carré
de toile sur le ventre, et un anneau dans le
nez. Vous le croyez peut-être vous-même !...
surtout que vous parlez de Congos, d'Aradas
et autres, niaiseries d'aussi fort calibre. Savez-
vous d'abord ce que c'est, et M. Lasselve
également, lui qui inaugura, avant celles de
la Salle des Capucines, les conférences sif-
flées dans les salons de Port-au-Prince et
d'autres villes de la République d'Haïti ?

D'abord, M. Lasselve ne fut jamais reçu
dans ce que nous appelons « la société » en
Haïti. La vie toute de famille chez nous, l'intimité qui y règne, l'affabilité pour les étrangers une fois admis, la confiance bien vite ac-
cordée sont des motifs qui engagent à une
grande circonspection, et entretiennent tout
d'abord une juste défiance. M. Lasselve n'y
fut pas accueilli, c'est un fait : n'en cherchons
pas le pourquoi qui ferait au moins verser un
pleur à M. Quesnel. Et ce dernier conclut avec
son idole que cette société n'existe pas; il a
trouvé cependant moyen d'en dire des énor-
mités pantagruéliques : écarts de plume ou
manque de suite, on ne sait... Un de nos amis
s'est chargé de relever quelques-unes de ces
contradictions assez drôles : c'est la partie ré-
créative de l'écrit de M. Quesnel qui finira

par avouer un jour (pourquoi désespérer? Le
cerveau humain est comme la fortune si sujet
à changements!) par avouer au milieu de ce
chassé-croisé de pour et de contre que, depuis
la lecture du livre de M. Lasselve, il ne peut
arriver à se rendre compte de ce qu'est Haïti,
jadis paisiblement découverte par lui dans
quelque dictionnaire d'Histoire et de Géographie. Oh! le méchant M. Lasselve..., bien
coupable de jouer au sphinx !

Mais en attendant ce résultat, nous nous
demandons pourquoi, chez ces messieurs, une
telle prévention qui ne sert qu'à voiler une
belle mais compréhensible ignorance? M. Lasselve voit-il donc aujourd'hui la fortune lui
sourire au point que le bonheur le rende
égoïste et lui fasse oublier la triste situation
dans laquelle il débarqua en Haïti et les secours de toute sorte que lui prodiguèrent les
bontés créoles ?... On comprend parfaitement
qu'il ait oublié l'indulgence avec laquelle on
lui pardonna la substitution, aussitôt découverte, de certains vers de Victor Hugo,
aux siens, aux vers du poète Lasselve; mais
il est certains petits traits d'un souvenir autrement délicat que le cœur n'oublie jamais.
Ne pas savoir n'est pas un péché, alors que
c'en est un très grave d'être consciencieuse-
ment ingrat et de mauvaise foi ; et ne pas
garder le silence constitue une maladresse ou
parfois un crime.

Notre société, comme toutes les autres et dans tous les pays, a ses imperfections comme ses bons côtés. Le collaborateur de la *Revue politique et littéraire* croit-il que nous ne les voyons pas, comme lui-même sans doute remarque les exigences et les travers de celle où il vit ? Nous aimons trop notre patrie pour ne pas haïr les erreurs qui s'y trouvent, pour ne pas nous montrer à nous-mêmes nos faiblesses afin de travailler à y remédier. Aux esprits ignorants et superficiels qui doutent que nous ayions marché de l'avant, nous répondrons simplement que, après la liberté conquise et l'autonomie constituée, les progrès accomplis au milieu de bouleversements, de ruines et d'obstacles sans nombre sont en effet bien inférieurs à ceux qu'il nous reste à obtenir. Pour appuyer ces affirmations, M. Quesnel me permettra de soumettre à son appréciation quelques passages d'un volume d'*Etudes économiques et sociales* concernant mon pays, et dont au risque de ne lui causer qu'un médiocre plaisir, je lui offrirai un exemplaire aussitôt sa publication. Pas plus que notre ami Edouard, je ne me fâcherai de sa critique ; pas plus que ce jeune poète aussi je ne me croirai après cela un grand esprit, car ils sont nombreux dans cet Etat jeune et mal peuplé d'Haïti nos aînés qui ont raisonné et qui raisonnent toujours sur les questions les plus délicates avec toute la justesse et toute la loyauté désirables.

. . . .

. . . .

« Certains peuples, comme certains hommes,
« malgré le discrédit et même le ridicule qui
« sont venus s'attacher à leur nom, montrent
« cet admirable exemple de l'énergie morale
« qui, surmontant les préjugés, les dédains
« et les méfiances, n'a en vue que le niveau
« social, où, remontés au prix d'efforts aussi
« pénibles que louables, ces opiniâtres pren-
« nent place au milieu de ceux que l'estime
« n'a jamais fuis. Eh bien, tel est le but que
« poursuit et que peut atteindre le peuple
« d'Haïti.

« Cette belle île, justement surnommée « la
« Reine des Antilles », fut de tout temps, par
« sa position, ses relations, et les ressources
« d'un sol d'une incalculable richesse, appelée
« à une grande prospérité. Mais les luttes in-
« testines paralysèrent son développement ;
« la négligence, hélas ! trop souvent consta-
« tée de l'agriculture amena la dépréciation
« de ces nombreux et utiles produits, et son
« commerce en ressentit les funestes effets ;
« et, dans le pays même, les négociants petits
« ou grands, les travailleurs sérieux de toute
« catégorie n'ont cessé de maudire les révolu-
« tions et les hommes qui les faisaient. Rien
« n'était en effet plus pénible que de voir la
« réserve, la froideur excessive et la prudence
« humiliante pour Haïti dont usaient dans

« leurs relations avec elle les places telles que
« Bordeaux, le Havre, Nantes, Saint-Nazaire,
« Hambourg, Anvers, etc.., et les villes com-
« merçantes de l'Angleterre et de l'Irlande qui
« attendirent avec une impatience souvent
« manifestée son argent et ses denrées.

« De pareilles entraves au progrès, surgis-
« sant tout d'abord dans un pays neuf et qui
« n'avait certes point les lumières et les avan-
« tages de la vieille Europe si raffinée de ci-
« vilisation, jetèrent, à l'égard du pays, dans
« un décourageant et inexplicable scepticisme
« certains esprits, les fuyards de la lutte, qui
« prenaient cette lenteur du bien à apparaî-
« tre pour une impossibilité, et ne se souve-
« naient pas qu'avant que La Fontaine eût dit
« aux hommes :

Travaillez, prenez de la peine
C'est le fond qui manque le moins,

« Virgile avait consolé les peuples jeunes,
« en leur montrant combien furent humbles
« et pénibles les débuts de cette cité dont il
« mit tout son génie et tout son orgueil à
« chanter les origines et la gloire. Et d'ailleurs,
« quel peuple vit-on jamais parvenir au bien-
« être dès sa naissance, et sans avoir passé
« par de nombreuses et terribles vicissitudes:
« *Le tantœ molis* ne paraît-il pas avoir été écrit
« pour la première page de chaque nation ?

» L'histoire est là pour nous répondre que les
« sociétés communes à leur origine par leur
« désir d'amélioration matérielle d'abord, puis
« morale le sont bien plus encore par leurs
« faiblesses et leurs tâtonnements. Il faut
« donc voir ce qui est : le progrès se trouve
« à l'état latent, mais aboutira quand même en
« Haïti. C'est un pays, on l'a souvent répété,
« qui cherche sa voie ; pour être banale cette
« phrase n'en est pas moins juste. Notre plus
« grand bonheur sera de démontrer qu'il peut
« trouver cette voie désirée ; n'oublions pas
« que les luttes intérieures d'un peuple qui se
« forme, ses erreurs, ses excentricités sont
« pour sa stabilité et son élévation ce que les
« emportements, les fautes, les illusions re-
« froidies de la jeunesse doivent être pour
« l'expérience et l'autorité de l'âge mûr.

« Oui, Haïti possédera le progrès, la civi-
« lisation, le savoir répandu dans toutes les
« classes, comme elle a acquis la liberté, et
« au même titre que les peuples les plus po-
« licés qui ont sur elle cette supériorité, qui
« n'est pas de mince valeur, de quinze à vingt
« siècles d'existence, c'est-à-dire vingt siècles
« de souffrances et de luttes de toutes sortes.

. . . .

« Un esprit étroit peut seul penser que nous
« ne finirons point par prospérer avec un gou-
« vernement qui comprenne qu'il y a urgence
« exigée par l'intérêt et la dignité de la na-

« tion, comme l'a dit un de nos ministre : « à
« se demander si le préjudice moral éprouvé
« par le pays ne l'emporte pas sur le préju-
« dice matériel, si grand qu'il soit, que la
« perte de son crédit lui a fait subir. »

« Et le public jugera ce qu'on peut atten-
« dre d'un régime républicain qui met toute sa
« préoccupation et tout son honneur à payer
« les dettes du pays, et qui, par l'ordre et une
« bonne administration, désire autant avoir
« le crédit et la confiance pour amener la ri-
« chesse et le bien-être, que mériter pour le
« peuple haïtien, par le travail et une paix du-
« rable, l'amitié et l'estime universels. . . .

« Ce gouvernement sera-t-il plus idéal que
« les autres ? Non, car, comme les précédents,
« il aura, œuvre humaine, aussi ses imper-
« fections. Mais, alliant une juste fermeté à la
« prudence et au respect de la loi envers et
« par tous, il nous donnera ce qui fait d'une
« nation une seule et grande famille, ce qui la
« rend forte, l'union qui facilite l'effort et
« montre riantes les perspectives de l'avenir
« même quand l'aurore de ses destinées fut
« des plus sombres. . . . .
. . . .

« Mais nous croirions manquer à tout de-
« voir de critique juste et consciencieux, si
« nous ne disions que certainement l'appa-
« rence du bien n'est pas le bien même et de-
« mande à être distinguée, en un mot, que

« nous avons encore beaucoup à faire, beau-
« coup à travailler. Aussi, manifestons-nous
« nos espérances aux hommes pratiques et
« sérieux qui veulent être bien renseignés,
« voir et peser pour se convaincre. Froide-
« ment, sans arrière-pensée, ils raisonnent
« sur les faits accomplis seuls en considérant
« le point de départ, étudient la marche des
« évènements et répondent invariablement
« quel sera l'avenir. Car, à côté d'esprits en-
« thousiastes, esprits souvent légers qui n'ont
« point assez d'éloges pour l'idée qui les trans-
« porte, d'autres prévenus et malintentionnés
« s'obstineront quand même à nier et à dis-
« créditer des efforts et une amélioration dont
« chacun peut être juge . . . .
. . . .

« Que le gouvernement ait le sentiment de
« ses actes : son programme dont rien ne sau-
« rait l'écarter doit être tracé d'avance. Il fera
« appel à tous les dévouements, à toutes les
« lumières, et sa persévérance pour faire le
« bien du pays surmontera tous les obstacles,
« car il faut à la nation le régime d'ordre, de
« travail et de liberté dont elle est depuis si
« longtemps avide. . . . .
. . . .

« Lancé dans cette voie, encouragé par la
« satisfaction même que chacun trouve à agir
« et à voir agir avec patriotisme et loyauté, le
« gouvernement songera à appliquer les insti-

« tutions qui, sagement organisées, seront le
« point de départ d'avantages sans nombre
« et assureront l'avenir. »

Si tous les Haïtiens avaient le loisir d'écrire,
ils exprimeraient les mêmes pensées; elles
n'auraient que l'avantage d'être mieux tradui-
tes : nous avons eu mille fois occasion de recueillir ces appréciations et ces sentiments de
la bouche de nos compatriotes que nous en-
tendions discuter sur la situation et l'avenir
de notre jeune République.

Nul n'est tenu de faire l'impossible, et nous
comprenons que M. Quesnel, qui ne connaît
Haïti que d'après son collègue, ne se doute
point de cette entente, de cette communauté
de vues qui unit les Haïtiens intelligents, dé-
sireux de voir leur île s'élever au niveau social où l'énergie des héros de 1804 lui assure
une place dans l'avenir. Notre ennemi impro-
visé pouvait penser le contraire, mais il devait se garder d'une affirmation dont M. Lasselve seul lui saura gré. Pauvres Haïtiens,
vous parlez de société, d'avenir ! Savez-vous ce
qu'est pour M. Quesnel le premier des Haïtiens, et de la classe la plus élevée, « si tant
« est qu'il y ait, comme l'écrit ce publiciste,
« des classes élevées parmi les nègres. » Oh!
rien surtout à côté de M. Lasselve : « *Lorsque*
« *par le hasard des voyages ou des affaires, des*
« *hommes blancs, comme M. Lasselve,* dit son
« *Memnon, viennent à se trouver vis-à-vis des*

« *hommes noirs dans la position d'admi-*
« *nistrés, on peut juger de l'ironie de la situa-*
« *tion...* » Vraiment, M. Quesnel, pétitionnez
de suite une place à l'Institut ou une chaire à
la Sorbonne pour votre homme de génie. Sans
doute, il faut pour y arriver cumuler succes-
simement certains titres universitaires, bachelier, licencié, docteur; mais notre auteur les
absorbera facilement, car c'est un génie que
M. Lasselve, et nous en voyons l'unique et
suffisante preuve dans la sublime idée qu'il
eut, le soir de sa première conférence à la
Salle des Capucines, de faire vendre dans la
Revue des Conférences, qu'un garçon offrait
pour 25 centimes aux auditeurs, sa biographie
précédée de son portrait en riche mexicain. Ne
souriez pas..., l'administration a dû conserver
les numéros du dimanche 17 octobre 1880, où
l'historien des nègres est superbe, en petite
veste de caballero avec les boutons ronds do-
rés des jeunes grooms du Grand-Hôtel. Allons!
vite un siège dans une des cinq académies...,
n'importe laquelle ; il sera partout aussi di-
gnement occupé. Que l'ingratitude et l'insuccès cessent enfin de s'acharner après ces forts
esprits jusqu'au jour où le tombeau scellera
sur eux les portes de l'éternelle tranquillité.
Ce n'est pas à nous autres, pauvres nègres
dont le *cerveau s'est à peine élargi*, à trouver
étrange que M. Quesnel soit fier de servir de
piédestal à son savant confrère. La dépression

de notre crâne et par suite l'absence de tout
bon sens nous empêchera de jamais apprécier
cette admiration et d'envier cette juste
sympathie entre deux esprits faits pour
se comprendre. Ce noble sentiment aura
donc eu pour résultat de faire jaillir de nos
cœurs, et d'une façon en quelque sorte incon-
sciente, l'expression d'un autre que nous
comprenons mieux, peut-être le sentons-nous
vaguement plus justifié et plus profond, le
sentiment de l'amour de la patrie absente et
calomniée.

Mais voilà que près de terminer cette première réponse au rédacteur de la *Revue* de
M. Yung, je me demande si le mot de *calomniée*
est juste : Y a-t-il calomnie là où s'escriment
péniblement l'ignorance et le goût du ridicule?
Comme exemples, lisez d'abord cette narration
drolatique de l'épisode Reybaud-Soulouque.
M. Quesnel, toujours d'après son ami, nous
représente le chef noir tiré brutalement de
son lit par le diplomate français qui a forcé
la consigne, bousculé les chambellans et con-
traint Sa Majesté à l'écouter « sans culottes ».
Il y a là une question de convenance et de pro-
preté, mal résolue pour la diplomatie en général, à part la question de vérité historique,
qui a fait sourire, et que n'eût pas osé trancher quiconque a connu Soulouque ou entendu
parler de cet empereur d'un caractère arrogant
et soupçonneux.

Lisez aussi cette énumération de ducs de la
Marmelade, de Limonade, etc., que ridiculise
l'ignorance de M. Quesnel. Ce sera bientôt
notre tour de rire, car on se demandera, ces
pauvretés une fois relevées, s'il n'y aura point
brouille entre les deux amis : M. Lasselve
devait-il laisser son collègue risquer les appréciations que nous avons lues, sans lui dire
ou sans avoir fait de sérieuses recherches
pour lui dire que M. Reybaud, vieil officier,
rude et autoritaire, il est vrai, était aussi un
fin diplomate qui sut gagner Soulouque et se
faire écouter dans la chambre de l'empereur,
quand il pénétrait comme à un *petit lever* ou
à un *petit coucher* et toujours en présence de
ses aides-de-camp ?

M. Quesnel en voudra aussi à son fournis-
seur de documents de ne l'avoir pas averti
que la Marmelade et Limonade sont de gros
bourgs, — comme Saint-Denis, Saint-Cloud
et autres environs de capitales, — situés à
quelques kilomètres du Cap-Haïtien, ancien
Cap-Français. Que de renseignements, grand
Dieu ! sont nécessaires à un homme trop spirituel ! Je m'empresse de fournir à M. Quesnel le peti détail suivant qui lui fera regretter
son ironie, et le convaincra de la nécessité de
fuir l'ignorance de M. Lasselve, dont il s'est
partout inspiré bien mal à propos : C'est que
tous ces noms, la Marmelade, Limonade, Tiburon — de même que Bel-Air, Plaisance et

autres, qui le font se pâmer devant le pi-
teux génie inventif des nègres, furent donnés
par des Français voyageurs, marins, colons,
soldats, administrateurs qui parcoururent l'île,
organisèrent la partie française principalement
et en fixèrent la géographie. — M. Quesnel finira par jurer, mais un peu tard, qu'on ne le
prendra plus.

Je demande maintenant à notre pseudo-his-
torien en quoi Soulouque fut plus ridicule que
Napoléon Ier d'avoir créé une noblesse. Est-ce
parce que Soulouque était noir et Napoléon
blanc? J'écarte de suite ce motif peu digne
de l'entendement d'un écrivain de la « *Revue
politique et littéraire.* » Peut-être M. Quesnel
en est-il encore à s'étonner des imitations
entre hommes et entre peuples. D'ailleurs on
n'imite que ceux que l'on aime! et si Soulouque a imité la France et les Français à une
certaine époque, le publiciste français est bien
mal venu de le ridiculiser. L'Empereur noir a
donné à ses généraux pour noms nobiliaires
des terres qu'ils habitaient et qu'avaient con-
quises leurs pères ; est-ce là ce qui cause l'hi-
ralité de ces messieurs et les pousse à es-
sayer un peu d'esprit. Que M. Quesnel nous
réponde où sont et à qui sont aujourd'hui les
terres dont les noms servirent aux titres des
nobles créés par Napoléon Ier. *Tantum stat
magni nominis umbra...!* Du Niémen à la Bi-
dassoa, ses souvenirs historiques ne lui

montrent-ils pas une longue série d'impé-
riales maladresses. Et puis ces localités don-
nent-elles plus à rire à un esprit sérieux que
certaines localités de France dont les sei-
gneurs, princes, ducs, marquis, etc., se trans-
mirent hauts et fiers les noms pendant plusieurs siècles : Bouillon, Bourbon (dérivé de
Bourbe).

Cette méthode nouvelle pour faire de la critique historique à l'aide de tels enfantillages
empêche le lecteur d'accorder désormais sa
confiance à l'écrivain, et témoigne d'une faiblesse de vues ou de pénurie d'arguments
plus que désespérantes. — Quelques-uns
d'entre nous, pauvres nègres au crâne dé-
primé, ont, comme M. Quesnel sans doute,
fait leurs humanités et passé en France un
ou deux baccalauréats. Eh bien, nous savons
qu'en philosophie le jugement, un des points
importants de la logique, nécessite plusieurs
opérations dont la comparaison est une des
principales comme indispensable à tout jugement de quelque valeur, car, pour saisir le
rapport qui existe entre deux faits et en tirer
une idée concluante, il faut savoir mettre ces
faits en présence. Or les appréciations plus
haut données ne montrent-elles pas avec netteté que le casier de la comparaison fait tota-
lement défaut dans la boîte crânienne de
M. Quesnel, de même que la faculté d'ab-
straire, nécessaire à tout observateur ou criti-

que digne de ce nom, a juré haine éternelle
au cerveau de M. Lasselve comme l'a fait entendre notre ami Justin Dévost? Ces messieurs veulent néanmoins écrire!... Franchement, cela peut-il nuire à cette race qui a produit des milliers de jeunes gens dont la devise
est : « *Tout pour le travail, tout par le travail.* » J'ai presque envie de déchirer ces
trente pages. Par bonheur voici la dernière,
et nous concluons, en cessant nous-mêmes
toute critique, que M. Quesnel n'en a pas
moins un réel talent fait de crédulité et d'exagération. Notre rancune devra-t-elle subsis-
ter contre lui? Nullement ; le vrai coupable,
à notre avis, est M. Lasselve qui, connaissant
le côté faible de son ami, eut le tort de lui demander, sans réserve aucune, une réclame
pour son livre. Allons-nous avoir la sottise
de devenir froids envers les Français ? L'occasion de montrer le contraire est trop belle.
Ils savent d'ailleurs que nous les aimons tant,
et ils causent si souvent avec nous de notre
histoire qui les intéresse, que tous ceux qui
ont lu le pamphlet de M. Quesnel ont haussé
les épaules; nous laisserons plutôt la faculté
de généraliser, jurer aussi haine éternelle à
notre cerveau. Nous savons que beaucoup de
Français, en lisant ce volume, se rappelleront
une amitié de vieille date, de fréquentes poi-
gnées de mains sur les bancs des écoles, nos
travaux communs et constants. Leur esprit

juste et droit reconnaîtra la vérité voilée par l'injustice, l'histoire méconnue dans la parodie; ils comprendront des questions que ne soupçonnèrent jamais des intelligences trop incomplètes, et leur cœur sentira, comme le nôtre, que, pour bien des motifs, la pièce « Ces Allemands ! » de notre poëte national Oswald Durand, est un admirable cri de rage et d'amour, écho de nos sentiments à tous et qu'on pourrait avec acclamation résumer ainsi :

France et Haïti !... Union et Prospérité !...

Jules AUGUSTE.

ARTICLE DE M. BOWLER

Comme tous mes compatriotes à Paris, j'ai été profondément indigné en lisant le factum de M. Léo Quesnel, lequel n'est autre chose qu'un tissu de lourdes erreurs, erreurs que les Haïtiens auraient la générosité d'excuser si elles ne prouvaient un parti pris de dénigrement de la part de leur auteur.

Je m'étais promis de les réfuter du tout au tout, mais j'essaierai simplement de relever certains points auxquels, pour la plupart, n'ont pas touché les amis qui m'ont devancé dans la riposte.

M. Quesnel prétend que depuis un siècle les Haïtiens ne sont pas arrivés à constituer une société. Il est vraiment regrettable qu'un écrivain de la *Revue politique et littéraire* ignore que Haïti, peu d'années après son affranchissement, trouvait dans son sein des hommes capables de négocier avec l'Europe entière et de nouer des relations qui devaient servir de point de départ à son existence politique.

Certes, ceux-là n'étaient ni des *Congos*, ni des *Caplaous*, moins encore des *Aradas* ou des *Ibos*, comme le charitable collaborateur du journal hebdomadaire les a qualifiés, ainsi que nous qui sommes leurs fils reconnaissants ; c'étaient des hommes qui, par leur énergie, leur probité exemplaire, leur bon vouloir et leur intelligence, avaient su s'attirer les sympathies et le respect des philanthropes de toutes les nations.

Et l'on veut qu'en ajoutant à la vieille expérience de nos devanciers l'ardeur intelligente et l'amour du progrès de la génération présente, nous soyons encore dans le déplorable état où des Européens, qui se disaient civilisés, avaient plongé notre malheureux pays! Est-il permis de le croire? Est-il permis de le dire?

Ne sera-ce pas un argument éloquent en faveur de notre cause que de rappeler que Haïti, qui compte à peine 78 ans d'indépendance et qu'on accuse d'être encore à l'état barbare, est en relations diplomatiques avec plusieurs grandes puissances et a même conclu un traité d'extradition avec l'Angleterre? Il serait à désirer, dans l'intérêt des affaires, qu'il en fût de même chez d'autres Etats beaucoup plus anciens, lesquels cesseraient, dès lors, d'être les refuges ordinaires des caissiers infidèles.

Notre pays a consacré dans sa Constitution

la liberté des cultes. En peut-on dire autant de l'Espagne ?

Ses rapports avec la cour de Rome avaient été réglés par un concordat, mais voyant que le clergé, dans ces derniere temps, persistait à empiéter sur les pouvoirs civils en célébrant des mariages religieux avant l'accomplissement des formalités de la loi, l'Assemblée nationale a résolument dénoncé le traité qui nous unissait au Saint-Siège. Que de pays sont moins avancés !

Michelet appelait Haïti la France noire, et les Haïtiens, dont l'existence nationale se rattache aux principes de 89, se considèrent comme les Français des Antilles ; ils ont la langue, la littérature, les coutumes et la législation françaises.

Donc, nous représenter comme des barbares, à peine sortis de l'état sauvage, c'est vouloir accréditer une calomnie ou risquer une imprudente mystification à laquelle personne, nous osons l'espérer, ne se laissera prendre.

*
* *

Le cerveau des nègres s'est à peine élargi, dit notre détracteur.

Je n'aurai, pour infirmer cette assertion, aussi fausse que ridicule, qu'à rappeler les succès très brillants obtenus par nombre d'Haïtiens non seulement dans les collèges et

lycées de Paris, mais au Concours général de
France, dans les Facultés de droit et de médecine, à l'Ecole Centrale et à l'Ecole de Pharmacie, partout enfin où il faut faire preuve
d'intelligence et d'aptitude au travail.

Un de mes amis, entre autres, à peine âgé
de 22 ans, a été tout récemment reçu docteur
en droit.

Parmi leurs hommes d'art, les Haïtiens comptent un statuaire célèbre, dont les œuvres ont
été remarquées à l'Exposition internationale
de 1878 et dans différentes expositions annuelles de Paris : l'auteur de la *Rêverie*, de la
Vigne et l'*Ormeau* a été médaillé, et son
chef-d'œuvre acheté par le gouvernement
français.

Dans un rapport adressé au Foreign-Office
par le major Stuart, le représentant de l'Angleterre en Haïti, et communiqué à la Chambre
des Communes, le ministre britannique reconnaît de la manière la plus flatteuse l'aptitude
distinguée des Haïtiens dans l'art d'écrire et
de parler, et dans la science du droit. C'est un
suffrage qui peut nous consoler de la critique
malveillante de notre dénigreur.

M. Quesnel cite comme une exception à son
absurde théorie des poésies de M. Emmanuel
Edouard, lequel, par une coïncidence étrange,
venait de lui envoyer son livre au moment
même où il faisait son article. Il est évident
que, sans cette circonstance, pas un seul Haï-

tien n'échappait à la plume de celui qui avait juré de nous juger sans nous connaître....

Or, il existe toute une pléïade de poètes haïtiens parmi lesquels ce jeune homme, d'un avenir brillant, n'occupe qu'un rang encore relativement modeste; et si, avec le critique français, je ne conteste pas le mérite du coup d'essai de mon ami, le talent de ses devanciers n'en est que mieux rehaussé, et l'appréciation de M. Quesnel tourne à sa confusion.

⁎

L'auteur de l'étrange article nous attaque encore par un côté qui prouve avec la dernière évidence sa partialité à notre égard : il parle de ce qu'il appelle la lâcheté des nègres.

Les historiens français qui ont raconté la guerre de l'Indépendance rendent pourtant l'hommage le plus éclatant à la bravoure du noir. M. Schœlcher, dans son livre, a rapporté des traits d'une audace inouïe, accomplis par des nègres à cette importante époque de notre histoire.

Napoléon Ier, dont on ne contestera pas la compétence en matière militaire, disait qu'avec une armée de soixante mille noirs il ferait la conquête du monde. Il exagérait, sans doute, mais cette exagération même prouve la haute opinion qu'il avait des soldats noirs.

Qu'on se rappelle l'héroïsme des Turcos dans la guerre de 1870; plusieurs Haïtiens se firent remarquer, soit dans cette campagne, soit dans les ambulances, où le service n'était pas moins périlleux.

Les noirs de Dessalines étaient sans souliers et presque nus, ils n'avaient pas d'armes perfectionnées, et ils n'en repoussèrent pas moins les troupes françaises envoyées pour les asservir. Encore une preuve à joindre à bien d'autres du mauvais vouloir de celui qui nous attaque.

*
* *

Le libelliste est-il plus heureux quand il essaie de plaisanter ?

Il réédite les charges aujourd'hui surannées coutre Soulouque, et parle avec ironie, entre autres nobles du temps de Faustin Ier, d'un certain duc de Limonade ! Serions-nous bien venus, en le suivant sur ce terrain, à rire des ducs de Bouillon, des princes d'Orange et de la dynastie des Bourbons ?

Soulouque fut en 1852 le point de mire d'une foule de diatribes et de caricatures : qui ne sait que, à l'avènement de Napoléon III, si l'on attaquait avec tant de violence le monarque noir, c'est que ces attaques visaient surtout, sous le voile de l'allusion, son cousin de France !

*
* *

Continuant ses railleries de mauvais goût, le pauvre M. Quesnel s'en donne à cœur joie

sur le compte d'un humble paysan, une sorte
de garde-champêtre d'Haïti, sachant, dit-il,
à peine lire. Ce sont là des plaisanteries usées
qui rappellent les charges également vieillies
contre les procès-verbaux rédigés par les gen-
darmes et les maires de France peu familia-
risés avec l'orthographe. C'est sans importance : passons !

*
* *

On reproche aux Haïtiens les superstitions
qui existent dans les campagnes éloignées des
grands centres de population ! Eh ! ne trouve-
t-on pas chez les paysans bretons, italiens et
espagnols des croyances aussi primitives: la
foi aux sorciers, le mauvais œil, les jettatores
et les amulettes? Ne voyons-nous pas en
France, en pleine période contemporaine, les
pèlerinages de Lourdes et de la Salette?

*
* *

Puis on attaque nos mœurs et l'on dit que
le mariage en Haïti est resté le privilège des
classes élevées parmi les nègres. Nous pour-
rions y répondre que la coutume des unions
naturelles qui a existé à l'origine dans la masse
du peuple a été un héritage des colons, mais
disons plutôt, d'après les données les plus ré-
centes, qu'on se marie de plus en plus dans le
peuple: déjà même, en 1841, M. Victor Schœlcher, dans son ouvrage sur Haïti, constatait

que dans beaucoup de familles de la classe
ouvrière, l'étranger assez hardi pour oser demander une fille en *plaçage*, c'est-à-dire en
union libre, comme celle que rêve Mlle Huber-
tine Auclerc, s'exposerait tout simplement à
recevoir un cartel.

Notre adversaire termine son appréciation
sur le mariage en Haïti par cette phrase: « si
tant est qu'il y ait des classes élevées parmi
les nègres. » Et il ajoute à quelques lignes
plus bas que quand un personnage noir se
marie les choses se passent à *l'instar de l'Europe* (sic). Cette contradiction flagrante dénote
un manque de logique que l'on est tout étonné
de rencontrer chez un écrivain de la *Revue politique et littéraire*.

*
* *

M. Quesnel, sur la foi de M. Edgard Lasselve, parle d'une sorte de défiance qui existe-
rait chez nous contre l'étranger. Rien n'est
moins exact : en Haïti, comme ailleurs, il y a
étrangers et étrangers, comme il y a fagots et
fagots....

L'Haïtien, très perspicace et très fin de sa
nature, sait très bien, même quand il n'a pas
voyagé, que dans un pays jeune il vient une
foule d'aventuriers qui voudraient se faire
passer pour la fine fleur du pays qu'ils ont
quitté. Il se tient donc sur ses gardes, et dès
qu'un nouveau venu laisse voir le bout de

l'oreille il est vite jugé et classé. Ainsi, un certain personnage, bien connu de M. Lasselve, débarque un beau jour en Haïti, et, croyant avoir affaire à des sauvages portant au nez l'anneau traditionnel et des plumes sur la tête, il annonce dans un cercle de jeunes gens qu'il dira des vers de sa façon : le soir, on se réunit pour l'entendre.

L'auteur débite gravement une pièce qui, dans un petit groupe, produit une animation profonde et soulève de chauds applaudissements. Très flatté, il remercie en saluant, et son triomphe ne cesse qu'au moment où son amphytrion, qui avait disparu un instant, accompagné de plusieurs amis, revient tenant à la main un livre de poésies de Victor Hugo, qui, singulière coïncidence, contenait absolument la même pièce.....

De là, à une défiance ou plus à une naïveté qui se laisse jeter de la poudre aux yeux, le lecteur jugera qu'il y a loin.

L'écrivain, toujours dans un but de dénigrement, a insinué que l'Haïtien n'aimait pas le blanc. Nulle part pourtant l'Européen n'est mieux accueilli qu'en Haïti. On a vu des étrangers qui étaient venus dans ce pays simplement pour faire fortune, y faire souche et oublier la terre natale. Il ne serait pas prudent d'aller dire du mal de nous à nos amis d'outre mer, devenus aussi Haïtiens que les indigènes par suite d'un long séjour.

Eh quoi! l'Haïtien n'aime pas le blanc!
Voici un récit qui fera tomber l'injuste accu-
sation de M. Quesnel :

Et 1869, une escadre française avait mouillé
dans les eaux de Port-au-Prince où les malheureux matelots mouraient de la fièvre jaune.
Le docteur Aubry, un Haïtien qui a fait ses
études à l'école de médecine d'Haïti, dont il
est l'une des gloires, fit preuve d'un dévouement admirable, et tous ceux qui furent sauvés
lui durent la vie. Et quand le gouvernement
français lui fit demander le compte de ses ho-
noraires, il répondit, à la grande satisfaction
de tous se compatriotes, qu'un médecin haïtien
se sentait suffisamment payé par le bonheur
d'avoir pu donner ses soins à des marins français.

Le docteur Aubry fut décoré de la Légion
d'Honneur.

Je ne savais pas, M. Quesnel, que les *Aradas* et les *Ibos* pussent être admis à ce grand
ordre, et surtout mériter cette haute distinction.

On a vu tout récemmment avec quel zèle et
quelle généreuse ardeur M. Jules Auguste, un
jeune écrivain haïtien, a entrepris une campagne en faveur des descendants de Camille
Desmoulins, malheureux en Haïti, et les sympathies que lui a values son enthousiasme
pour la grande Révolution Française.

Les articles du genre de celui de l'écrivain

de la Revue, s'ils se répandaient, ce qu'à Dieu ne plaise, et s'ils trouvaient quelque créance, n'auraient d'autres résultats que d'enlever aux Français les sympathies très réelles du peuple haïtien. Ils tendent à renouveler les passions et les préjugés d'un âge heureusement disparu.

Avouez donc plutôt, M. Quesnel, que c'est vous qui n'aimez pas les nègres ! Avouez surtout que si nous ne trouvions pas en France des cœurs généreux qui savent se mettre au-dessus des mesquines questions de préjugés de couleur, et que si tous vos compatriotes avaient pour nous aussi peu de tendresse que vous en avez vous-même, nous aurions bien raison de ne pas les aimer !

Vous n'avez connu les noirs que dans les Antilles espagnoles, vous n'avez vu que ces malheureux abrutis qu'une nation *civilisée* maintient au mépris de la morale universelle, sous le joug odieux de l'esclavage, de là vous concluez que tous les nègres sont les mêmes. Si vous aviez été en Haïti, vous auriez reconnu ce que peuvent 78 années de liberté pour le relèvement d'une race ; et, au lieu d'appeler des exceptions les exemples de haute intelligence qui vous sont fournis, vous auriez constaté au contraire qu'ils sont fort nombreux dans notre pays.

Arthur BOWLER,

Paris, le 25 Janvier 1882.

OPINION DE LA PRESSE

PRESSE FRANÇAISE

~~~~~~~

Le Sauveteur, Avril 1882.

Il vient de paraître à la librairie Marpon et Flammarion, libraires-éditeurs, à Paris, un ouvrage très intéressant; les *Détracteurs de la Race Noire et de la République d'Haïti*. (Réponses à M. Léo Quesnel de la *Revue politique et littéraire*.) — Ce livre, qui est dû à la plume savante et précise de MM. Jules Auguste, Clément Denis, Arthur Bowler, Justin Dévost et Louis-Joseph Janvier, est précédé de lettres éloquentes de M. Schœlcher, sénateur, et de M. le Dr Bétancès. — Tous les amis de la race noire voudront posséder cet ouvrage dans leur bibliothèque.

La **Revue occidentale**, 1ᵉʳ mai 1882.

~~~

HAÏTI.

Auguste Comte, dans le plan d'organisation qu'il a indiqué dès 1848 pour assurer la propagation et l'avènement du positivisme et qu'il a repris et développé dans son *Traité de Politique positive*, recommande très spécialement l'institution d'un comité composé d'hommes politiques et de philosophes, de praticiens et de théoriciens, pour présider à ce grand mouvement.

Il dit entre autres :

« Il (le comité positiviste) complètera enfin son organisation fondamentale en s'adjoignant deux représentants de la race noire, l'un émané de la portion qui sut énergiquement briser un monstrueux esclavage (les nègres d'Haïti), l'autre de celle restée encore étrangère à l'ascendant occidental (les nègres d'Afrique). *Quoique notre orgueil suppose celle-ci condamnée à une irrévocable stagnation*, sa spontanéité la disposera mieux à accueillir la seule

philosophie qui puisse apprécier le fétichisme,
origine nécessaire de toute l'évolution prépa-
ratoire ».

Ainsi le fondateur du positivisme, repoussant
les préjugés ineptes et barbares, n'admet, entre les diverses races humaines, y compris la
race noire, que des différences de développement et non pas une inégalité intrinsèque,
physiologique, ce qui autorise à penser que
les nègres, selon lui, accéderont, comme les
jaunes et les blancs, à la synthèse scientifique,
c'est-à-dire au plus haut degré de civilisation
que puisse atteindre l'espèce humaine; et il
en est assez convaincu pour vouloir assigner
aussitôt aux représentants de cette race leur
place nécessaire dans le comité cosmopolite
dont il prescrit à ses disciples la prochaine
institution.

Telle n'est point assurément la manière de
voir de la *Revue politique et littéraire*, un organe de publicité cependant sérieux, qui, dans
son numéro du 21 Janvier dernier, par la plume
de M. Léo Quesnel, n'a pas craint de dénier
non seulement à tous les nègres en général,
mais même aux Haïtiens en particulier, la
qualité d'adultes, d'hommes proprement dits,
et les présente comme formant une race d'enfants ou de *minùs habentes*, incapables de
s'élever à la virilité, et condamnés à une infériorité irrémédiable.

La réponse à une théorie aussi peu justifia-

ble et aussi peu fraternelle ne s'est pas fait
attendre ; elle est venue des intéressés eux-
mêmes : décisive, inexorable, malgré sa réserve
et sa parfaite urbanité.

L'échantillon du savoir, du savoir-vivre et
du savoir-faire des noirs est véritablement ici
des plus remarquables, et M. Quesnel n'a pas
à se louer de les avoir ainsi méconnus et pro-
voqués.

Ce sont MM. Jules Auguste, Clément Denis,
Arthur Bowler, Justin Dévost et Louis-Joseph Janvier, Haïtiens habitant Paris, y faisant leurs études ou y exerçant des profes-
sions libérales, qui se sont chargés de venger
l'honneur de leur race et de leur patrie, mis en
cause d'une façon aussi peu ménagée et aussi
peu convenable, et qui ont rétabli les faits
dans leur réalité. — Inutile d'ajouter que ces
Messieurs s'étaient aussitôt placés sous le
patronage du vénérable sénateur Schœlcher,
l'ami des nègres, et l'un des meilleurs citoyens
de France.

La Revue politique et littéraire ayant jugé à
propos de ne pas insérer les réfutations que
les Haïtiens opposaient aux propos un peu
trop libres de M. Quesnel, ceux-ci demandèrent et obtinrent facilement l'hospitalité dans
les colonnes de plusieurs journaux républicains,
Le Rappel, *l'Evènement*, *La Justice*, etc. Ce
sont les articles insérés dans ces journaux et
réunis en volume, qu'ils viennent de publier

sous ce titre : *Les Détracteurs de la race noire et de la République d'Haïti*. Il y a là, nous nous empressons de le dire, une œuvre forte, indignée, palpitante, dont nous recommandons la lecture à tous nos amis.

Mais avant d'en dire quelques mots, peut-être serait-il bon de faire connaître la critique de M. Léo Quesnel.

L'honorable collaborateur de la *Revue politique et littéraire* a vraiment commis, à notre sens, un lapsus de la plus regretrable légèreté en rendant compte comme il l'a fait de l'ouvrage assez peu véridique et méritoire (*Le Pays des Nègres*) d'un certain abbé La Selve, chanoine, professeur de théologie, que sais-je ? qui a vécu en Haïti, et qui a jugé à propos de publier, en rentrant chez nous, ses impressions de séjour (1).

M. Quesnel, d'après le prêtre, pose en fait que les diverses races d'hommes sont inégales par nature, et que ce principe indiscutable est con-

(1) M. Lasselve n'a jamais été chanoine ni professeur de théologie. (Voir Jules Auguste.)

C'est M. Quesnel qui a fait errer M. le Dr Robinet en écrivant dans la *Revue politique et littéraire* du 21 Janvier, que M. Lasselve avait occupé la chaire de professeur de théologie au lycée de Port-au-Prince.

Lorsque le savant philosophe positiviste s'aperçut de son erreur, il n'était plus temps de la réparer ; le numéro de la *Revue occidentale* du mois de Mai avait déjà paru. (Note de Louis-Joseph Janvier).

firmé par l'inanité des efforts faits par les nègres d'Haïti pour constituer une société.

Il est tellement imbu du préjugé de race et
de la supériorité organique de celle à laquelle
il appartient, qu'il reproche même au bon chanoine un certain faible pour les Haïtiens, et
s'écrie : « Ce qu'aucun Européen ayant connu
la race noire dans l'esclavage ne peut faire :
prendre les nègres au sérieux, M. La Selve le
fait avec aisance ! » « Le noir est un enfant
qui ne grandit pas. »

Cette première impertinence (véritable propos de planteur !) est suivie de beaucoup d'autres du même genre, que nous ne pouvons
toutes rapporter.

Mais comment M. Quesnel justifie-t-il son
mépris ou plutôt sa répugnance et sa pitié
profonde pour les noirs d'Haïti? — Nous en
voulons donner quelques exemples :

D'abord il leur reproche leur barbarie, leur
férocité dans la guerre terrible, héroïque selon nous, mais sans merci, par laquelle ils ont
dû conquérir leur indépendance et se sortir
de l'esclavage le plus monstrueux.

Ignore-t-il donc le traitement que les blancs
(des Français, hélas !) faisaient subir aux pauvres noirs, et les atrocités par lesquelles on
préluda à la répression de l'insurrection nais-
sante? Alors, qu'il ouvre n'importe quel livre
traitant de cette lutte affreuse, et voici ce
qu'il y verra :

« Vincent, Ogé et Chavanne (trois chefs mû-
lâtres) furent condamnés a être rompus vifs.

« Ayant été conduits devant la principale
porte de l'église de la Grande-Rivière, là, nu-
tête et en chemise, la corde au cou, à genoux,
et ayant dans la main chacun une torche de
cire ardente du poids de deux livres, ils firent
amende honorable ; après avoir été conduits
sur la place d'armes, ils eurent les bras, les
jambes, les cuisses et les reins rompus vifs
sur un échafaud, puis mis sur des roues, la
face tournée vers le ciel, jusqu'au moment où
ils devaient rendre le dernier soupir, alors
leurs têtes furent coupées et exposées sur des
poteaux. »

Si les Christophe, les Dessalines, et Toussaint-Louverture lui-même, que M. Quesnel
ne prend pas plus au sérieux que les autres
(le général Leclerc et Bonaparte en jugeaient
autrement), si les noirs insurgés ont commis
tant de massacres, il faut convenir qu'ils
avaient des modèles choisis qu'ils n'ont fait
qu'imiter, et quelquefois d'assez loin (1).

Mais voici qui est plus gai : «.... Lorsque,
par le hasard des voyages ou des affaires, dit

(1) Le prochain numéro de la *Revue occidentale*
contiendra la leçon que M. Pierre Laffitte a faite,
à la salle Gerson, sur Toussaint-Louverture. On
sait, du reste, que le fondateur de l'indépendance
d'Haïti a été placé par Auguste Comte dans le
calendrier positiviste.

M. Quesnel, des hommes blancs, comme M. La Selve, viennent à se trouver, vis-à-vis des hommes noirs, dans la position «d'administrés» on peut juger de l'ironie de la situation.» Et là-dessus, de laisser la parole au brave abbé, pour raconter la petite anecdote d'un magistrat de couleur qui, dans une contestation qu'avait M. La Selve avec un homme de même peau que son juge, donna complètement tort au chanoine! — Et, quand cela serait, cela prouve-t-il contre l'intégrité de la race nègre ?

Ah! ça, M. Quesnel était donc aux Antilles pendant le second Empire, qu'il croit que les blancs ont seuls le privilège de ne point prévariquer?

Je ne voudrais pas le suivre dans la voie des anecdotes, mais cependant voici ce qui m'est arrivé, et à tant d'autres, au temps si peu regretté et si peu regrettable où Delesveaux tyrannissait à la sixième chambre : j'étais, comme témoin, appelé à déposer avec un de mes confrères également connu pour son républicanisme, dans l'affaire d'un escroc, contumace du reste, agent de la police secrète, et qui, après le 2 Décembre, avait fait le détestable métier d'espion de prison et de délateur.

Cet audacieux coquin augmentait ses émoluments en venant chez les gens qu'il savait bien disposés, recueillir des secours pour les réfugiés de Belgique, soi-disant, et s'y pré-

sentait au nom du citoyen Brives, ancien représentant du peuple. — Croyez-vous que
maître Delesveaux ait songé un seul instant à
s'élever contre ce scélérat et à flétrir sa misé-
rable conduite ? Pas du tout ! Mais il nous prit
à parti, mon confrère et moi, et nous saboula
de la belle façon ; nous vîmes le moment
où il allait nous faire empoigner pour avoir
souscrit aux mains d'un voleur pour des
exilés.

Que pensera M. Quesnel de l'ironie de cette
situation, bien que la scène ne se soit pas pas-
sée en Haïti ?

Et puisque nous avons parlé du second Empire, encore une citation : « A cette époque —
c'était vers 1851 (dit le détracteur de la république des Antilles) — le despote noir (Soulouque), singeant l'Empire, créait une « noblesse..... Il se voulait entouré d'une hiérar-
chie. Les ducs et les marquis noirs formaient
sa cour : *duc de la Marmelade, duc de la Limonade,* etc., etc. »

En vérité M. Quesnel a l'ironie maladroite,
et sa plaisanterie nous fait monter le rouge
au front ! Car, en définitive, ce que Soulouque
imitait, ici, c'était la France, la France des
Napoléon, à plat ventre devant l'oncle et devant le neveu !

Ce n'est pas avec des allusions aussi mal
venues et d'aussi mauvais souvenirs que l'on
peut élever son pays au-dessus des autres na-

tions et mettre les blancs si fort au delà des nègres.

Au cours d'une autre anecdote encore, M. Quesnel, dans son estime pour les anciens maîtres d'Haïti, pour les mangeurs d'esclaves, s'écrie : « ... C'était un ancien militaire, qui méprisait dans le fond de son âme la race noire et sa lâcheté... »

Mais trève à tous ces manquements ! Contentons-nous de dire que nos frères d'Haïti, frères en l'Humanité et frères par la République, ont vigoureusement, noblement et victorieusement réfuté erreurs et insultes dans la protestation dont nous avons parlé, et qu'ils n'ont rien laissé debout de ce qui leur était jeté à la face.

Une chose, d'ailleurs, peut faire compensation pour eux à l'injure qu'ils ont reçue : c'est que la *Revue politique et littéraire* n'est guère plus douce à certains blancs qu'aux noirs en général.

A preuve ce « petit bourgeois d'Arcis-sur-Aube», un nommé Danton, qui est arrangé de la belle sorte par feu Villemain, dans le numéro même où M. Quesnel *tombe* la glorieuse fille de Toussaint-Louverture.

Rien n'égale, en effet l'opiniâtreté avec laquelle on poursuit, dans un certain monde, envers les hommes de la Révolution, tout au moins à l'égard du plus grand d'entre eux, ce qu'on peut appeler *la traite des patriotes*. Et

ce n'est pas sans souffrir que l'on voit encore
en 1882 une Revue qui se croit renseignée,
impartiale, à tendance démocratique même,
venir traiter de Turc à Maure, sans rime ni
raison, l'homme d'Etat de 93, le politique
puissant qui a conçu, dirigé et mené à bonne
fin les trois grandes opérations essentielles de
la terrible crise où se débattait alors la patrie
en danger : le renversement de la royauté,
l'installation de la République, la défense nationale, sans l'accomplissement desquelles il
n'y aurait plus eu de France! Et de vrai, il
faut serrer bien fortement sur ses yeux le
bandeau de l'esprit de parti, ou rester invin-
ciblement attaché à l'ancien régime, pour ne
point reconnaître ces vérités et venir aujour-
d'hui encore parler de Danton dans de pareils
termes et nous le présenter à la Mortimer-Ter-
naux ou à la Villemain, comme un anthropo-
phage et un coupe-jarrets.

Voilà cependant où en est la *Revue politique
et littéraire*.

C'est à propos de Royer-Collard, compatriote, confrère et contemporain du grand con-
ventionnel, que M. Villemain, accepté dans
toutes ses rancunes de doctrinaire, et sans
restriction par la *Revue*, cherche, dans un
langage un peu trop mélodramatique pour
notre temps, à le *laver* des relations qu'il a
eues avec le député d'Arcis.

« Un de ces hommes, monstrueux mélange

d'audace, de corruption, de sagacité perverse et par moments d'instincts de pitié, Danton, avait montré quelque empressement d'attention pour le jeune avocat au Parlement de Paris (Royer-Collard), sorti d'un village voisin de sa ville natale. Le flot de passions violentes et de désordres qui emportait Danton sépara bien vite ces deux hommes si dissemblables, et plus tard, un nuage de sang, un voile d'horreur couvrait l'un aux yeux de l'autre. »

Voilà pour les personnes, voici pour les choses :

« Il n'y a pas pour moi d'autre explication d'une partie de sa carrière politique (il s'agit toujours de Royer-Collard), des liens qu'il contracta durant quelques années (comme membre du *Conseil du Roi en France* — pour Louis XVIII — pendant le Directoire), de son culte d'un droit héréditaire dans la souveraineté et de son besoin de liberté *égal à sa haine de la Révolution.* »

Quoi qu'il en soit, il faut convenir que certains blancs ne sont pas mieux traités ici que les noirs, et que, dans cette offrande libérâtre et juste milieu (l'article sur la jeunesse de Royer-Collard), les patriotes français ont un motif de plus pour fraterniser avec les gens d'Haïti, avec les affranchis de la Convention nationale. — Revenons à eux.

La perfectibilité de la race noire, son intelli-

gence son énergie sa sociabilité, sa souplesse
à suivre toutes les flexuosités et toutes les dé-
licatesses de la civilisation la plus raffinée et
à s'assimiler ses résultats moraux, scientifiques et esthétiques, ressortent avec éclat de
la Réponse aux Détracteurs de la Race noire, et
sont de nature à lever tous les doutes, s'il en
pouvait exister.

Quel Français ne tiendrait à honneur de sen-
tir, de penser et de s'exprimer sur son pays,
comme ces nobles jeunes gens, comme ces ar-
dents patriotes, comme ces fiers républicains?

Nous ne voulons, aujourd'hui, retenir de leur
livre si plein de cœur, d'intelligence et de foi,
que cette épigraphe à la patrie : « *Plus on te
calomnie, plus nous t'aimons!* » et cette observation si touchante de M. Devost : « *Je pense
qu'il faut aimer son pays comme on aime sa
mère, sans phrase et sans apprêt.* »

Avec de tels enfants, l'avenir d'Haïti nous
paraît assuré.

Dr ROBINET.

Le Signal, samedi 10 Juin 1882.

Les Détracteurs de la Race noire et de la République d'Haïti. — Réponses à une attaque de M. Léo Quesnel, par Jules Auguste, Arthur Bowler, Clément Denis, Justin Dévost et L.-J. Janvier, 1 vol. in-18. Paris, Marpon.

Il paraît qu'il y a encore, en France et de nos jours, des gens pour soutenir cette thèse de l'infériorité, non seulement relative, mais organique, mais fatale de la race noire, de cette race à tant d'égards sympathique que Michelet a appelée avec juste raison « la race aimante ». Un collaborateur de la *Revue politique et littéraire*, M. Léo Quesnel, ayant tenté d'appliquer ces théories préconçues et, en somme, injuste à la République d'Haïti dont il se refusait à reconnaître les progrès, pourtant sensibles, dans les voies de la civilisation, s'est attiré de vertes et éloquentes répliques d'un certain nombre de jeunes Haïtiens habitant Paris et dont plusieurs, en dépit de la couleur de leur peau, ont conquis avec honneur leurs grades dans nos Facultés de droit et de médecine. Au surplus, il suffirait de lire, dans notre numéro d'aujourd'hui la lettre dictée par un noir du Sénégal, pour s'assurer que l'intelligence ne manque pas plus aux noirs qu'aux blancs et qu'ils sont capables d'autant de civilisation que les plus civilisés des Européens. Quoique nous eussions des réserves à faire sur certaines théories de cet opuscule, notamment sur le parti qu'un des écrivains qui l'ont composé veut tirer d'un passage d'A. Schopenhauer (p. 63), nous signalons volontiers un ouvrage où il est parlé de la France et aussi du protestantisme en termes sympathiques et élevés.

Relevons ce passage de la page 26 : « L'Haïtien aime beaucoup le Français, et vraiment il ne faut rien savoir de ce qui se passe en Haïti pour prétendre le contraire. Les Français sont professeurs partout : on les rencontre même en qualité d'instituteurs primaires dans les montagnes de l'intérieur. La langue française est la langue courante, la seule en usage et tous les paysans la comprennent. Les mœurs, les coutumes, les fêtes, le droit, les institutions, le costume, tout est français ; on se modèle en tout sur la France. Et généralement quand on hait les gens, on ne cherche pas à les imiter. »

Notons encore, page 43, les pensées suivantes :

« Pétion, profond politique, a ouvert le pays au protestantisme. Depuis 1861, il existe

un Concordat entre la République et la cour
romaine. Ce Concordat va être révisé, afin que
les empiètements du clergé ne soient plus
nuisibles au pouvoir temporel du gouvernement haïtien. Je crois, pour mon
compte, qu'il serait très sage de saisir l'occasion pour déclarer l'Église séparée de l'Etat
et pour tenter la réformation de la République d'Haïti en favorisant l'entrée des pasteurs
de toutes les églises protestantes. La religion
protestante permettant la libre discussion,
ayant l'individualisme pour une de ses bases,
développant l'initiative privée, agrandissant
l'homme et ne lui demandant pas, comme la
religion catholique, l'obéissance absolue à un
homme où à une église prétendument infailli-
ble, la religion protestante est, non seulement
un progrès sur le dogme catholique, mais encore un puissant facteur du progrès. »

Il nous semble que ce n'est pas là tant
mal raisonner, et il y a des milliers et des millions de blancs en France qui auraient des le-
çons à recevoir du « nègre » sage et avisé qui
a écrit ces lignes.

EUG. R.

PRESSE HAITIENNE

~~~~~~~~

L'Œil, 20 mai 1882.

LES DÉTRACTEURS DE LA RACE NOIRE.

Par sa lettre du 12 avril dernier, mon ami
le docteur Louis-Joseph Janvier, lauréat de la
Faculté de médecine de Paris, m'avait annoncé un volume qu'il vient de publier en col-
laboration avec MM. Jules Auguste, Clément
Denis, Justin Dévost, Arthur Bowler, et qui
est précédé de deux lettres: l'une de M. le sénateur Schœlcher et l'autre de M. le docteur
Bétancès.

Je viens de recevoir et de feuilleter à la
hâte un exemplaire de ce volume, la lecture
m'en a paru généralement très intéressante ;
mais, pour cette fois, je veux m'attacher principalement à la lettre de M. le sénateur
Schœlcher pour qui je professe une admiration
digne de lui, admiration que par tradition de
famille je lui dois ; car, à son souvenir, je sens

toujours en moi se réveiller tous ces anciens
récits que de lui me faisait mon regretté oncle,
M. Adrien Guercy, avec lequel il a eu les
meilleurs liens d'amitié et dont il a été le pro-
tecteur aux jours de malheur.

A vous, Monsieur le sénateur, permettez
que j'envoie, saisissant cette occasion, toute
l'expression de ma gratitude tant en mon nom
privé qu'au nom de ma famille.

A la page 2 de ce livre : « Les Détracteurs
de la race noire », vous avez fait à Haïti et
aux Haïtiens la recommandation suivante :

« Vous, jeunes gens, reprenez l'œuvre de
vos intrépides ancêtres, apportez chez vous la
lumière que la sagesse de vos pères vous envoie puiser en Europe, prêchez la fraternité,
ne songez qu'aux grands intérêts de la civilisation ; ne faites la guerre qu'aux criminels
qui veulent exploiter l'ignorance du peuple
et à quiconque cherche à entretenir la passion
de caste et attachez-vous à répandre jusqu'au
fond de vos luxuriantes campagnes et de vos
mornes l'instruction primaire, laïque et obligatoire. »

A dessein je cite ce passage qui me rappelle
ce que j'écrivais alors dans le premier numéro
du *Ralliement*.

Le noir, père du mulâtre, peut-il songer à
faire disparaître son fils ; le mulâtre, issu du
noir, peut-il haïr son père ?

A cette époque, plein de fougue juvénile,

je laissais percer les sentiments qu'aujourd'hui encore je continue à professer, sentiments qui n'auront de borne que le jour où je cesserai d'être.

D'aucuns, pris sans doute d'esprit de passion, m'avaient trouvé exagéré dans ma façon de voir ; loin de me décontenancer, j'ai poursuivi et je poursuis mon chemin n'ayant pour guide que mon cœur et ne visant qu'à un but, l'amour de l'humanité.

Je pourrai plus amplement, public et vous amis, vous parler de ce livre, je pourrais vous en faire l'éloge en l'analysant autant que me le permettraient mes facultés, mais je laisse ce soin à mon ami le docteur Solon Ménos qui apparemment ne manquera pas d'en parler, lui qui, en Europe, a vécu plus intimement avec la plupart de ces jeunes écrivains. En attendant je vous prie, vous tous, mes amis, d'encourager par la sérieuse attention que vous donnerez à ce livre des compatriotes sincères et dévoués à la race.

« La couleur de mon front nuit-elle à mon courage
« Et ce nom d'Africain est-il donc un outrage. »

Telle doit être notre devise devant les absurdités professées par la boutique littéraire Lasselve, Quesnel et Cie.

HORACE GUERCY.

Port-au-Prince, 15 Mai 1882.

L'Œil, 3 Juin 1882.

. . . .
. . . . . . Je tiens à féliciter vivement
MM. Clément Denis, Joseph Janvier, Justin
Dévost, Jules Auguste et Arthur Bowler des
réponses si vigoureuses et si décisives qu'ils
ont faites aux absurdes attaques de M. Léo
Quesnel. Ces jeunes et généreux compatriotes
ont fait un bon ouvrage et une bonne œuvre
en lançant à la face des détracteurs de leur
race leur patriotique indignation et leurs arguments vengeurs et concluants.

M. Quesnel doit à cette heure se repentir
d'avoir voulu remuer des questions trop
lourdes pour son esprit, pourtant également
lourd. Il s'était figuré qu'il suffisait de « tomber », sans grâce aucune, la race noire et d'en
proclamer son infériorité pour que tout le
monde se courbât sous sa science imposante
(car elle impose). Il avait même tâché d'em-
baucher l'histoire à l'appui de sa doctrine, en
affirmant que le régime de l'esclavage n'avait
pas été aussi affreux qu'on l'a dit. Grattez ce
rustre et vous trouverez un esclavagiste du
temps de Louis XIV.

M. Quesnel ose-t-il sérieusement invoquer l'histoire ? En ce cas, elle lui répondrait avec dédain qu'elle se prostitue parfois aux grands morts, jamais aux petits matamores.

. . . .

L'histoire dira plutôt qu'il était infâme, ce code noir qui déclarait immeuble par destination l'esclave attaché à la culture d'un fonds, et qui prescrivait de couper les jambes à celui qui s'était soustrait par la fuite à la tyrannique puissance de son maître.

Les Haïtiens n'ont pas besoin de falsifier l'histoire ; c'est apparemment pour cette cause que M. Quesnel les accuse de manquer d'originalité. En effet, ils n'entendent pas l'originalité de la même manière que M. Lasselve. Ils ne s'attribuent pas, par exemple, une pièce de vers de Victor Hugo, en s'écriant : « Cette pièce doit être de nous ! »

Dans ces conditions, ils n'éprouvent aucune répugnance à reconnaître qu'ils ne sont pas originaux et qu'en revanche M. Léo en est un et des plus ridicules.

J'ai particulièrement à remercier les défenseurs de notre pays d'avoir repoussé avec une énergie bien opportune l'étrange prétention de M. Quesnel à faire passer les Haïtiens qui ont étudié à Paris pour des ennemis acharnés de la race blanche. Cette impudente et odieuse allégation a été détruite de fond en comble et n'a pu tenir surtout devant le simple exposé des occasions qui ont permis aux Haïtiens de manifester leur vif attachement pour la France. Et puisque la question me touche personnellement, je ne puis m'empêcher de rappeler ces paroles que je prononçai l'année dernière dans une conférence faite à propos de l'Exposition d'Haïti : « La France est comme un aimant qui nous attire toujours, pour elle sont nos meilleures sympathies ; il semble qu'un cordon volontaire rattache cette île à cette contrée, j'allais dire : « ainsi qu'un fœtus à sa mère », mais ce ne serait pas exact.,. au point de vue ethnique.

Et le lendemain j'avais l'honneur de recevoir de M. Guyot, président honoraire de la Société française de bienfaisance, une carte de remerciements « pour les paroles si bienveillantes dites en faveur de la France. »

Vous verrez cette vénération pour la France dans tout le cours de ce volume si intéressant où se montrent tour à tour la phrase coulante et naturelle de Clément Denis, la merveilleuse érudition de Louis-Joseph Janvier, le style ample et précis de Justin Dévost, la verve caustique de Jules Auguste et les épigrammes acérées d'Arthur Bowler.

Et rien de plus rationnel que ce sentiment commun à nous tous, car c'est surtout des Haïtiens qu'on peut dire sans exagération qu'ils ont deux patries : Haïti et la France. La terre natale et la patrie intellectuelle.

Nous cultivons la première et la seconde nous cultive.

Oui, nous aimons la France parce que nous aimons Haïti. En assistant à l'œuvre de gestation perpétuelle par laquelle la France manifeste sa prodigieuse vitalité et produit la sublime et féconde transformation du mal en bien, du préjugé en jugement et de la haine en concorde ; en y voyant couler l'humauité à pleins bords ; en contemplant le passage magnifique et rayonnant qu'elle s'est ouvert jusqu'au progrès, à travers les routines, les erreurs et les terreurs, notre patriotisme s'épure et se transfigure et nous appelons de tous nos vœux le jour où Haïti voudra accomplir la même phase de civilisation.

SOLON MÉNOS.

Le Commerce, 27 Mai 1882.

M. le Dr Louis-Joseph Janvier a eu la gra-
cieuseté de nous envoyer un exemplaire du livre publié par nos jeunes compatriotes à Paris, pour protester contre les assertions erron-
nées contenues dans un article de M. Léo
Quesnel Cet ouvrage a pour titre : *Les Dé-*
tracteurs de la Race Noire et de la République
d'Haïti. Il a été écrit par nos jeunes et intelligents compatriotes Jules Auguste, Clément Denis, Arthur Bowler, Justin Dévost et
M. le Dr Louis-Joseph Janvier. Cet ouvrage
mérite la peine d'être lu; notre chroniqueur
en parlera plus amplement la semaine prochaine. (1)

(1) Nous sommes aux regrets de n'avoir pas eu le
plaisir de recevoir le numéro du *Commerce* du
3 Juin 1882 et, malgré toutes nos recherches il nous
a été impossible de nous le procurer à Paris.

Le Comité.

LES DÉTRACTEURS DE LA RACE NOIRE.

. . . .

Nous devons de l'attention et du respect, si-non de l'admiration, à ceux-là surtout qui en pays étrangers (nous ne voulons pas dire en pays ennemi) n'écoutent que la voix de leur conscience honnête et les courageux élans de leur patriotisme, pour venger éner-giquement leurs frères, alors même que l'in-sulte tombe de très haut : nous voulons par-ler des auteurs de l'ouvrage en réponse aux inepties de MM. Quesnel et Lasselve.

« Les Détracteurs de la Race Noire » tel est le titre d'un charmant et intéressant volume que nous a apporté le dernier courrier. L'ou-vrage est écrit par nos intelligents amis Jules Auguste, Clément Denis, Arthur Bowler, Jus-tin Dévost et le Dr Louis-Joseph Janvier.

Nous regrettons beaucoup que la place dont nous disposons ne nous permette pas de par-ler du livre avec tous les détails qu'exigent les questions qu'il traite. Mais nous aurons toujours assez de place pour remercier bien

humblement ceux qui ont ouvert le livre, chacun par une belle lettre préface : je veux parler d'abord de l'honorable sénateur Schœlcher
(saluez, lecteur), l'infatigable négrophile
toujours prèt à payer de son intelligence et de
sa personne dès qu'il s'agit de la défense de
la race noire; ensuite de M. le Dr Bétancès
qui ne perd jamais une occasion de dire des
bonnes choses d'Haïti, et qui a le tact, à chaque fois qu'il nous en parle, de nous faire aimer d'avantage Toussaint-Louverture.

Viennent ensuite les articles et les études.

L'article de M. Clément Denis est plein d'à-
propos et d'ironie.

Il n'a qu'un tort, c'est d'être trop court.

Quand à M. Justin Dévost, nous l'avons
déjà admiré ici même. Seulement nous recommandons sa réplique qui est des mieux réus-
sies.

M. Bowler, lui, procède à la façon du positiviste. Pour répondre à M. Quesnel, il lui envoie
sur la tête une grèle de faits des plus intéressants et de nature très convaincante.

Notre interressant ami Jules Auguste mord
bien M. Quesnel. Mais le poète perce quand
même, car s'il mord c'est en étalant toute sa
répugnance. Cependant si sa délicatesse de
poète ne lui permet pas de frapper à coups
redoublés, il ne frappe pas moins de façon re-
doutable tout en comptant savamment ses
coups.

Passons vite au dernier. C'est notre ami, le Dr Louis-Joseph Janvier. Ah! celui-ci ne ménage pas ses hommes, il en mord à belles dents. Il joue du Lasselve et du Quesnel comme de sa plume. Tantôt il les entraine comme à plaisir sur le terrain scientifique, et là il vous les bat à plate couture.

Tantôt, avec une verve endiablée, il les prend en flagrant délit d'ignorance, et alors, sans miséricorde, — car Janvier ne sait point pardonner à ses ennemis, — d'un mot il vous étrille *ses* hommes, d'une ligne il vous les sangle, et d'une phrase il vous les abat net. Ce n'est qu'à terre que, méconnaissables, ils demandent grâce, et promettent de ne plus recommencer.

Oui, c'est bien lui, plus de doute. Voici le caustique auteur des lettres à Cochinat.

Non, nous sommes trop Francais pour haïr la France. Haïr la France!!! Et pourquoi donc? Et comment haïr la France, quand on aime le mot en attendant qu'on puisse aimer la chose. Les Haïtiens peuvent-ils détester la France, quand aucun d'eux ne va dans cette belle contrée — la plus belle du monde — sans s'écrier à chaque instant : Mon Dieu, mon Dieu, n'est-ce pas là ce beau paradis que vous nous avez promis.

Ah! si quelqu'un me regardait en face et me disait que je déteste la France ; après lui avoir donné mon sourire le plus franc et le plus doux, je lui dirais, Henri III en admirant la mer de Venise, la reine des mers, s'est écrié : « Si je n'étais roy de France, je voudrais être citoyen de Venise. » Eh bien, il n'est pas un enfant d'Haïti, pas un seul entendez-le bien, qui ne soit prêt à vous dire : « Si je n'étais Haïtien, je voudrais être citoyen français. »

L'Impulsion, 3 Juin 1882.

LES DÉTRACTEURS DE LA RACE NOIRE
ET DE LA RÉPUBLIQUE D'HAITI.

Réponse à M. Léo Quesnel.

Sous ce titre vient de paraître un livre très remarquable par la pensée et par le style. C'est un recueil d'articles rédigés par MM. Jules Auguste, Clément-Denis, Arthur Bowler, Justin Dévost et Louis-Joseph Janvier, précédés de lettres de MM. Schœlcher et Bétancès.

S'il est dans ce monde quelque chose de touchant, c'est la nécessité de défendre la Patrie sur la terre étrangère. La Patrie c'est notre mère. On l'aime d'autant plus qu'elle est malheureuse et qu'on en est éloigné. Captive ou non, l'âme bien née qui n'en voit plus le ciel, tourne toujours vers elle sa pensée. Comme Israël que les délices de Babylone ne purent distraire du souvenir de Chanaan, elle refuse de se laisser distraire de sa douce souvenance. Aussi avec qu'elle vivacité la défend-on, quand elle est injustement attaquée!

comme dans cette défense on met tout son
cœur, toute son âme !

C'est ce qu'ont fait nos compatriotes à Paris,
dans le livre en question.

Ce nous est un plaisir grand de citer la dernière partie de la lettre de Schœlcher aux auteurs de ce livre.

L'illustre philosophe, doux et bon, le regard tourné vers notre Haïti, nous bénit, de
l'autre côté de l'Atlantique, avec la tendre
sollicitude d'un père. Sa voix touchante, sa
parole toute pleine de suavités de son âme
grande et pure, fait rappeler ce chant doux et
mystérieux qui, venu des cieux, réveilla jadis
les bergers qui dormaient dans la plaine de
Bethléhem : « Paix sur la terre, bonne volonté
envers les hommes ! »

Ecoutez :

« L'expérience des malheurs du passé vous le
« dit à tous, il n'y a de bonheur pour la Républi-
« que noire que dans l'union, dans la paix et
« dans l'oubli des distinctions de classes qui
« n'ont pas la moindre raison d'être. Trève à
« ces révolutions périodiques, à ces discussions
« intestines qui ont décimé la *Reine des Antil-*
« *les*. Vous, jeunes gens, reprenez l'œuvre de
« vos intrépides ancêtres, reportez chez vous
« la lumière que la sagesse de vos pères vous
« envoie puiser en Europe, prêchez la frater-
« nité, ne songez qu'aux grands intérêts de la
« civilisation ; ne faites la guerre qu'aux cri-

« minels qui veulent exploiter l'ignorance du
« peuple et à quiconque cherche à entretenir
« *la passion de caste*, et attachez-vous particu-
« lièrement à répandre jusqu'au fond de vos
« luxuriantes campagnes et de vos mornes
« l'instruction primaire, laïque et obligatoire.
« Des écoles, des écoles, tel doit être aujour-
« d'hui le mot d'ordre de tout bon Haïtien.
« Que les écoles, la concorde et le travail fas-
« sent grandir Haïti dans l'avenir prospère qui
« l'attend et qu'elle mérite, c'est le vœu ardent
« de

Votre ami dévoué,

V. SCHŒLCHER. »

Notre cœur se dilate sous le souffle de
ces paroles si nobles de Schœlcher, et nous
tressaillons de joie en constatant le talent
avec lequel nos compatriotes ont repoussé,
sur le terrain de l'histoire, de la science, les
attaques dirigées contre notre race et notre
patrie.

Il est fâcheux que ce mot de race soit encore de mise, pour désigner les divisions de
l'humanité, et *très honteux* pour l'homme que
des hommes qui ont quelque prétention à la
philosophie osent, au sein de la grande et
belle France, parler encore de race inférieure
et de race supérieure, malgré les progrès de la
science.

11

L'histoire est une science profonde, contiguë
à toutes les autres sciences. Lorsque, se pla-
çant sur le terrain de la critique, un écrivain
prononce son jugement sur une race, sur un
peuple, pour être impartial, puisqu'une nation
ne s'improvise pas, il devrait en avoir étudié
d'abord la fondation progressive, sondé toutes
les ramifications de sa destinée, analysé les
éléments dont la combinaison a déterminé sa
modalité, relaté enfin toutes les circonstances
qu'il a pu avoir traversées et dont il subit,
dans l'ensemble de son existence, les effets
divers.

Il devrait l'avoir fait en s'affranchissant de
tout système préconçu, de tout préjugé.

Le préjugé, surtout celui de race ou de couleur, n'est qu'une des formes de l'imbécillité.
Or, quel rapport peut-il y avoir entre la science
et l'imbécillité.

C'est la conscience qui est le vrai point de
départ de la science humaine, parce qu'elle
est la science de Dieu en l'homme, le principe
de la liberté morale.

L'homme est fait pour la vérité. Or, il ne
peut être conduit à la vérité que par la liberté
de l'esprit.

« L'histoire, dit M. Jules Ferry, est une et
le premier devoir d'un chercheur, *c'est d'être
un esprit libre*, c'est de voir de haut, c'est de
poursuivre, avant tout, la loi des choses;
ceux-là sont de petits esprits qui cherchent

dans les travaux de la science la satisfaction
des polémiques et des passions passagères du
temps présent. »

Voilà la thèse développée dans ce livre où
les détracteurs de notre race sont convaincus
d'ignorance ou de mauvaise foi et où mes compatriotes ont prouvé que le nègre ne le cède en
rien au blanc.

Ce livre est beau, admirablement écrit, et
ses auteurs ont bien mérité de la Patrie.

On sent, par la fermeté, le nerf de leur dic-
tion, par les mouvements du style, on sent
qu'ils sont animés du civisme le plus pur,
que l'enthousiasme pour la patrie a soulevé
leur âme, et que, pour la défendre, ils ne re-
culeront pas même devant la mort.

Dans chacune de leurs pages, la parole
abonde drue, profonde, indignée, débordante
d'ironie, et cette parole est un flot d'éloquence
où ils font rouler pêle-mêle Lasselve et Quesnel, les emportant au néant.

Le docteur Louis-Joseph Janvier surtout
s'est élevé, dans ses pages, au-dessus de tout
éloge. Quel style ! quelle abondance d'expressions s'élançant des hauteurs de la science et
de la pensée, roulant, comme une avalanche,
avec des bruits sonores, éblouissant l'esprit
par des éclairs qu'elles lancent à travers les
phrases rapides qui résultent de leur conden-
sation, et vous remplissent la tête de fracas et
le cœur de plaisir ! Quelle grandiose et quelle
érudition !

Partout la métaphore Micheletique appuyée sur la métaphore à la Hugo, grandeur et beauté unies dans un mystique hymen sous le souffle de l'art et montant dans l'infini de la pensée, « Pélion sur Ossa ».

On s'étonne de la force avec laquelle cet Haïtien maîtrise la langue française. Il va, armé d'une dialectique puissante, revêtant sa pensée des formes les plus belles et les plus variées, rangeant en ligne de bataille ou plutôt poussant contre ses adversaires toute cette armée d'expressions resplendissantes qui viennent d'elles-mêmes, en légions pressées, se courber sous son empire, il va remuant tout sur son passage : politique, sciences morales, sciences naturelles, religion. Il va, il va et c'est une tempête.

Quand il s'arrête, ce n'est pas pour reprendre haleine, car il n'est point fatigué, mais pour jeter un regard de dédain sur ses adversaires, pour les narguer avec un sourire narquois.

O Lasselve ! ô Quesnel ! Il nous semble vous entendre d'ici pousser ce cri du damné : « Où fuir, où me cacher ?... »

Après avoir prouvé que nous avons « évolué », nous, nègres d'Haïti, au point de vue intellectuel, moral et politique, il poursuit :

« Pour ce qui a trait au *point de vue physique*, j'ai déjà dit plus haut que la beauté plastique du type noir en Haïti était la règle, à cause de la liberté dont nous jouissons depuis quatre-vingts ans.

Beauté est signe de liberté et d'intelligence.

J'ajoute que cette sélection naturelle s'est produite par transformation intrinsèque du type haïtien, par mélange du sang africain avec le sang européen qui se trouvait dans l'île après que les Haïtiens eurent proclamé leur indépendance en 1804.

L'élément étranger qui a pénétré en Haïti depuis lors a pris le type haïtien, type particulier que ne connaissent pas les anthropologistes de cabinet comme M. Dailly, mais que l'illustre Broca connaissait bien.

Presque tous les étrangers qui arrivent en Haïti dans un but de négoce y font souche : les Haïtiennes sont tant excellentes ménagères et si dévouées compagnes.

Les Haïtiens, de leur côté, sont tant hospitaliers, tant accueillants qu'on pourrait même leur reprocher de l'être trop pour quelques aventuriers sans vergogne et sans valeur — heureusement rares — qui vont chez eux semer la discorde au lieu de songer à travailler et à ne s'occuper que de ce qui les regarde ou qui y vont en exploiteurs plutôt qu'en amis. Aussi, nonobstant le contingent français qui vient s'ajouter tous les jours au sang français d'autrefois, les Anglais, les Allemands, les Espagnols, les Yankees, et même les Italiens fusionnent avec nous, mêlent leur sang au nôtre.

Le plus souvent, les enfants qu'ils font se déclarent, se naturalisent Haïtiens. Ces enfants d'ailleurs prennent toujours le type, la cachet haïtien, le milieu social ambiant exerçant autant son influence sur le physique que sur le moral. On sait que l'Européen, d'où qu'il vienne, qui a passé une douzaine d'années â Paris, par exemple, et l'étranger de sang japhétique qui y est né s'approprient insensiblement, et quelquefois tout à fait, le type parisien.

D'un autre côté, en Haïti, les subtiles distinctions de castes et de couleurs qui avaient été soigneusement établies dans un but politique par les colons français, et machiavéliquement maintenues par les agents de la métropole dans l'ancienne Saint-Domingue — par l'agent Hédouville, entre autres, — ces puériles, mesquines et absurdes distinctions de castes ou de couleurs ont presque complètement disparu. — Elles ont disparu devant la lumière qui s'est faite dans les cerveaux — résultat dû à la propagation de l'instruction publique — et devant l'unification du type haïtien, unification qui est l'œuvre du croisement qui s'est opéré et s'opère chaque jour davantage entre les enfants de Quiesqueya, entre les membres qui composaient la majorité et la minorité de la famille haïtienne au moment de la formation politique de l'Etat d'Haïti.

Aujourd'hui, dans la grande République noire de la mer des Antilles, c'est à peine si le sociologue, ce physiologiste de la société, peut, d'une oreille exercée et attentive, arriver à percevoir, en auscultant le poumon du peuple, les râles affaiblis de cette maladie qui s'est nommée *préjugé de caste*. C'est à peine si l'œil sagace de l'homme d'Etat, ce psychiatre d'une nation, peut rencontrer et observer dans le moments de crises politiques aiguës (élections législatives, élection présidentielle) des cas sporadiques de cette curieuse et singulière maladie de l'intelligence qu'on appelle *préjugé de couleur*. Cela ne se peut observer que chez *quelques rares esprits bornés, superficiels, ignorants ou monstrueusement pervers quoique éclairés*, ou encore dans quelques âmes faibles, emplies de visions ou de chimères et affolées par la peur de dangers imaginaires.

Aujourd'hui — si les Haïtiens pouvaient avoir des préjugé — on pourrait dire qu'il n'y a plus à Quisqueya qu'un seul préjugé: «celui du savoir.»

Paris. — Typ. A. PARENT, rue M.-le-Prince, 31.
A. DAVY, successeur.

PARIS. — TYP. A. PARENT, A. DAVY, Succr

rue Monsieur-le-Prince, 31.

www.ingramcontent.com/pod-product-compliance
Lightning Source LLC
Chambersburg PA
CBHW062225270326
41930CB00009B/1875